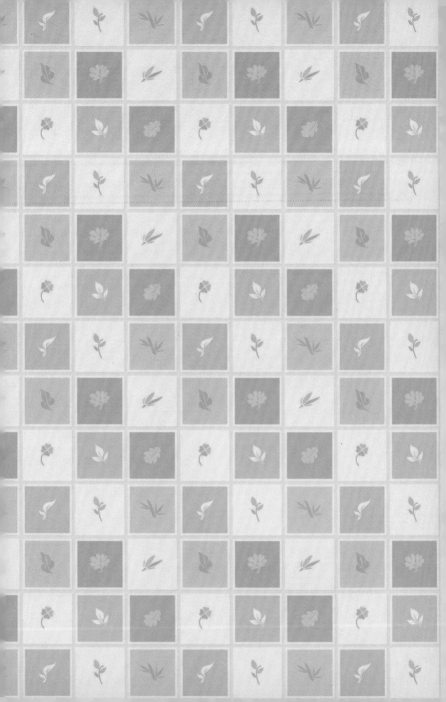

跟孩子一起變幸福

子どもが眠ったあと1分間だけ読む本

送給媽媽的一分鐘讀本

海原純子／著
葉韋利／譯

【前言】

寫給每一位溫柔而堅強的媽媽

這年頭，養小孩真的很辛苦，無論是大環境或經濟現況都充滿了令人擔憂的因素，很多事讓人成天提心吊膽，光是教養上就有很多煩惱想找人討論。

在過去的年代，身邊有很多人能幫忙教養孩子。像是大家族一起生活，或是住得離娘家近，在這種孩子有很多個「母親」的環境中，媽媽可能也比現在，更容易跟身邊親友討論教育孩子的話題。

教養孩子除了煩惱跟小孩之間的問題，有時也會發現自己價值觀與心理上的問題。相較之下，跟孩子之間的煩惱容易找人談，也能迅速找出問題及重點；然而，本身內心的問題就不容易對人坦言了。相信不少人面對孩子的教育不如預期，或是跟夫家相處不融洽，以及想要有更多自己的時間卻因孩子綁手綁腳等等，因為這樣的狀況，導致連對自己的人生都產生質疑。

我認為帶小孩除了栽培孩子外，另一方面也同時在「栽培自己」。面對從自己肚子裡生出來的小孩，必須認同、接受他異於自己，是另一個不同的人格。別想與孩子融為一體，必須尊重他也是獨立的個體，擺脫希望孩子依照母親意願行動的想法。這是一項很辛苦的修煉。多年之後，將孩子送出社會的同時，也要努力充實自己，成為社會的一份子。如果能做到這樣，人生不是很美好嗎？

本書中有許多靈感，提供給希望教養出發揮自我並尊重他人的孩子的同時，更活出自我的母親。

正因為這是個艱困的時代，才要正視、珍惜每一天，讓心靈變得更富足，打造幸福的家庭。

二〇一二年五月

海原純子

目錄

CONTENTS

目錄

CONTENTS

本・書・使・用・方・法

身心極度疲勞時……

請參考013、020、098、104、114、124、127、165、178、204頁

〈message for you〉

難過的時候就說句「我累了。幫我忙。」

對自己失去信心時……

請參考035、054、058、068、091、137、159、162、168、192頁

〈message for you〉

撕掉「我這種人真沒用」的標籤吧。

忙得團團轉、疲於奔命時……

請參考038、047、061、094、101、108、111、149、184頁

〈message for you〉

一旦察覺到有不愉快，就試著表現出來。

羨慕別人時……

請參考010、016、023、065、140、196、200頁

〈message for you〉

別跟其他人比較，把目標放在妳專屬的「美好」。

在育兒上遇到煩惱時……

請參考032、044、050、078、134、156、171、181頁

〈message for you〉

用心聆聽孩子的話。

希望獲得開啟新局的勇氣時……

請參考025、028、041、08
130、174頁

〈message for you〉

外出購物之前先繞到書店看看。

希望孩子過得幸福時……

請參考072、076、085、088、117、120、142、146、152頁

〈message for you〉

幫助孩子選擇一條活出自我人生的道路。

01

是否忘了家事跟育兒都是充滿創意的工作？

似乎很多人認為電影製作人、設計師或是規劃師，都是從事創意工作而感到欣羨，但大家是否忘了家事跟育兒也是非常需要創意的工作呢？

相信沒有任何設計師願意默默執行別人的規劃，也沒有主廚會依照別人的菜單做菜，妳的工作也不能假手他人。之所以感到育兒、家事陷入無趣又公式化的困境，是因為妳沒有好好發揮創意的才華。

在早餐的菜色、晚餐的擺盤上，運用妳的創造力，試著撒上妳獨家調配的香料。這麼一來，應該就能對自己的創造力多幾分自信。

看著雜誌做菜，或是用看來的技巧跟孩子玩，偶爾這麼做也無妨，但如果妳能自行思考，加入一些特有的巧思；那麼育兒這些主婦的差事也能成為創意十足的工作，就算跟世界上其他任何設計或任何電影比較，也絲毫不感到遜色。

像這種為每一項工作都塗上個人色彩的女性，就算年紀增長，也能過得活力十足又精采。

從事那些大家認為「帥氣」的行業，本身就帥氣十足。不過，如果能將一般人認為的瑣事都做到發揮個人特質，讓大家一看到就知道：「啊，這是她做出來的成果」，這不是很棒嗎？

做菜也好，洗衣服也好，如果在其中發揮妳的特色，讓家人知道「這是媽媽的味道！」或「媽媽洗的衣服就是這樣。」我認為能達到這樣的境界比什麼都可貴。

02

帶小孩、做家事，
這些都不會有人稱讚。
所以要自己嘉許自己的努力。

「在外頭工作真好，能受到其他人的讚美。」

妳是不是曾有這種羨慕的感覺呢？

的確，在工作上有了成績，就會獲得好評，受到他人讚美。很多人把這樣的評價視為努力的成果。

不過，原本重要的應該不是他人的評價，而是「做出讓自己滿意的工作」才對吧？為了追求他人的評價而工作，會在不知不覺之間形成一股很大的壓力。換句話說，會覺得「如果沒獲得他人的評價，自己就沒價值」，因為永遠都很在乎他人的評價，隨時提心吊膽。

獲得他人的評價就覺得高興，反之則感到失落，像這樣全靠他人的評價來決定自己內心的滿足程度，妳認為會幸福嗎？

做家事、帶小孩，這些事就算認真做好，也會被視為「理所當然」，別人會告訴妳「這些事情大家也在做呀」，因此無論多努力，似乎都不會獲得讚賞。

因此，能給予做家事、帶小孩這些事情正面肯定的，就是妳自己。妳要認同自己工作的每個步驟，並給予肯定。

如果妳想要他人為妳的工作打分數，就會掉進意想不到的陷阱。

希望鄰居或孩子學校的老師說妳是個「好媽媽」，希望先生公司主管稱讚妳是「好太太」（也就是在意他人的評價），很容易會接下自己不想做，或是做不來的事情，最後弄得精疲力竭。

如果妳的工作能獲得先生的讚賞固然很好，但也有一些女性一心想獲得先生的肯定，未能如願便形成心理壓力，心想：「老公根本不肯稱讚我。」

然而，最重要的應該是「妳肯定自己的工作，並且讚美自己」才對吧？即便沒有任何人看見，只有妳很清楚自己的工作狀況。像這樣能認同自我、肯定自我的人，就不會因為追求他人的評價而形成壓力。

03

一點都不需要
拿女強人朋友來跟自己比較，
而感到消沉失落。

婚後成為家庭主婦，在家相夫教子的妳，是否羨慕一直工作當了女強人的朋友呢？

看到朋友談論起工作、腳上踩著高跟鞋以及時髦的衣著，會不會有種自己遭到社會遺棄的感覺？

別再這樣拿自己跟別人比較了。妳選擇的道路，是只有妳才能實現的美好人生抉擇。

當妳開始對朋友羨慕得不得了，就等於對自己的生活感到不滿或不安。當心中有一股羨慕別人而自憐的情緒時，請檢視一下自己的心。

- 自己的生活好像很無趣。
- 總覺得活得沒有自我。
- 好像虛度年華。

當自己陷入這類情緒時，就會不自覺與他人比較。

活得充實、活出自我時，不會拿朋友跟自己相比。正確來說，就算要比，也不會有「自己輸了」或是「我贏了」這類藉由跟對方比較來決定自我價值的想法，而是覺得朋友不錯，很能幹，但我也不差唷。

如果出現了跟朋友比較的心態，最好思考在此刻該怎麼樣活出自我。

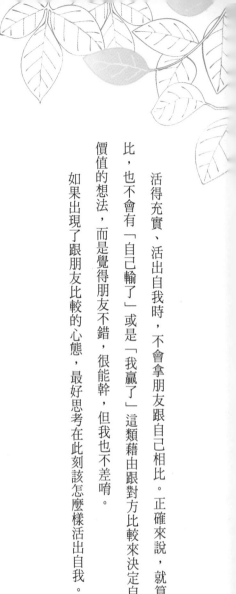

有快樂的爸媽
才有快樂的孩子，
我們能給孩子最好的禮物
其實是陪伴。

By CPU（親子部落客）

04

一旦覺得自己「失去活力」，
就要為自己留點個人時間，
一天十分鐘也好。

看著鏡子，覺得自己好像很疲憊，或外出購物，看見從店家窗戶反射自己走路時的倒影，感覺沒有活力時，我希望妳能做一件事——為自己留「一個人的時間（個人時間）」。

最近，妳有沒有一個人的時間呢？白天總是跟孩子或鄰居相處，晚上跟先生共處，仔細想想，是不是失去了一個人的時間呢？

即便跟再好的朋友，或再親愛的孩子、先生，二十四小時片刻不離，也會感到疲憊的。

從生物學的角度來看，每個人都有所謂的勢力範圍。如果是親密的人，相對上接近一些也無所謂，但如果完全失去個人獨處的時間，就會形成壓力。

因此，請務必給自己留一點個人的時間，哪怕一天只有十分鐘也好。

帶孩子是一天二十四小時無法放鬆的辛苦工作，正因如此更該尋求家人協助，花點心思打造一段「無所事事的個人時間」。

母親這份工作有很長一段路要走，為了不讓自己半路累得喘不過氣，留些時間給自己一點都不自私。

05

穿上高跟鞋展現帥氣很簡單，
但能帥氣將一把蔥
放進購物籃更棒。

工作結束後，我去採購晚餐食材。將一把蔥放進購物袋，走出商店時，一名提著時髦皮包、外表幹練的女強人，踩著高跟鞋快步走過我身邊。

「真好，這些人走起路來都很帥氣。」

雖然很容易這麼想，但也可以稍微換個想法。

把一把蔥放進購物袋，也能抬頭挺胸、步伐輕快的話就更棒了。

所以，當妳雙手提著購物袋時，不如也試著想想：「我要當個提著購物袋的好女人。」

如果能有這種想法，就算在他人眼中並沒有那麼帥氣，但妳一定會覺得自己「真不錯」！

無論採買、打掃，或是晾衣服，都是相同道理。不妨試試這個方法。

06

拋開「全有全無」的思考模式。「細水長流」式慢慢持續也很了不起。

我注意到有很多人認為：「帶孩子很忙，害我什麼都做不了」，或「工作只能做到一半，乾脆別做了」。

即使想著等孩子長大到一個階段，就能重拾自己的興趣、工作或想做的事，不過等到那個時候真的來臨，卻什麼也不想做，或是不知道該做什麼才好。

很可能會出現這種狀況。

或許是女性的完美主義，使得若想在育兒空檔做一點自己的事（工作或興趣），似乎都會面臨在精神上比實際執行更困難的問題。

因為只是簡單做點什麼事，往往給人一種做一半、隨便的印象。

即便無法全心投入工作或興趣，但從事一些能在家裡做的工作，或是留點時間讓自己維持一點興趣，都會成為一股力量。

經常有人說：「我很笨拙，沒辦法做其他事」，這種人把不求專精導致一事無成的想法與此混淆，令人遺憾。

如果打算帶孩子到一個階段後，就要發展自己的興趣或工作，那也得事先準備。做到一半或是零零星星也無所謂，持續自己結婚前從事的相關工作與興趣吧。

累積細水長流的點點滴滴，想必能豐富妳的心靈。

07

別說孩子害妳什麼都不能做。

妳是不是曾說過：「小孩子害我什麼都不能做」或「媽媽為了你，連喜歡的事情都沒做耶」這類的話呢？還是抱持這種態度呢？

其實，做不到並不是先生或孩子害的，是妳的決心不堅定，或是自己不夠專心。在感嘆孩子吵到自己，沒辦法好好讀書之前，先檢討一下自己對閱讀的熱忱。

不如試著告訴孩子，「媽媽想看一下書。」或是找一本無論旁邊多吵，也想專心閱讀的好書。

別急著把做不了事情的原因怪罪給他人，按部就班，先展現妳「想做某件事」的意念，告訴對方，然後集中注意力。

要是真的很想做，就試著規劃出該怎麼做才能實現，並且付諸行動。

妳想做什麼，如果不用自己的話來表達就無法讓對方了解。

「反正說了也沒人懂。」別再這樣自怨自艾，嘗試傳達自己的想法吧。

如果最後還是不能獲得諒解，到時請放心責怪他人。

「都是你害我的。」相信沒有人想聽到這句話，更何況從媽媽口中說出來，孩子聽了一定會很受傷。

為了不讓自己說出這種話，請試著好好說出自己想做什麼，以及其他人該怎麼配合。

08

之所以焦躁不安，
是因為
希望孩子依照妳的期望去做。

跟孩子在一起時會讓妳焦躁不安，原因很可能出在孩子沒能「依照妳的期望做」。

我們常在無意之間希望身邊的人順著自己的意思，如果不能如意，就會感到焦躁、氣憤。

- 希望孩子成績進步。
- 希望學校老師誇獎孩子。
- 希望孩子受到很多朋友的喜愛。

像這樣，對孩子的期待及希望越來越大，就很容易把這些都視為理所當然。

不過，請想想看，當孩子出生時，妳也抱著這樣的期待嗎？不對，當孩子呱呱落地時，妳只希望他能幸福、快樂，永保健康就太好了。甚至就算不健康，也是自己的孩子，要用雙手扶養他長大。難道不是嗎？

當期待與要求越來越多時，請回想起當時的心情。正如妳無法總是順著別人的意思，孩子也不可能依照妳的意思而活。

另外，別忘了正因為這是「妳的」孩子，妳的期望才會變得那麼大。如果是別人家的孩子，妳還會這樣寄予厚望嗎？應該不會吧。我們對於越親近的人（正因為是自己的先生或孩子），越希望他們能依照自己的意思，期待與要求也容易越變越大。

在感到焦躁不安時，不如試著回想：「我是不是要孩子和先生依照我的想法去做。」

09

忍不住在意自己的年紀時，
想想該怎麼活出個人風格。

妳是否非常在意自己的年齡，或是煩惱到了這個年紀卻一事無成呢？

像這樣在意自己的年紀，很可能是因為無法接受自己的人生。

A女士是三十二歲的主婦，有個念小學一年級的孩子。每次跟其他孩子的媽媽聚會時，她總在意其他人的年齡；看報紙、雜誌時，發現比自己看起來年輕的人，或是跟自己同年的人從事令人稱羨的工作時，就不由得感到失落。

到了這把年紀什麼成就都沒有。

就這樣任憑年華老去嗎？

有這種想法時，也可說是「老化情結」。

這時，請試著思考一下：「是否能接受自己目前的人生」。

帶小孩、做家事都很棒，不過妳是否不甘於生活中只有這些事呢？也許在帶小孩、做家事或其他方面，妳並未充分發揮自我風格，因而感到不滿足。

就算只是一點小事也無妨，嘗試在帶小孩之餘做些自己想做的事，或者發揮自我。

當妳找到這樣的目標，並且認真朝目標邁進時，就再也不會在意年齡了。

年紀變大並不惱人，討厭的是，不能隨著年齡增長而有讓自己認同的人生。這才是妳真正的想法吧。

10

比起「去做」，「不做」更困難。

A女士是周遭朋友誇讚為「好媽媽」的人。

平日經常熱心助人的A女士，除了照顧自己的兩個小孩，也常幫助鄰居。

對A女士來說，周遭朋友對她的感激、感謝，正是她努力的動力，如果沒有人向她表達謝意，她似乎就提不起勁。

然而，傷腦筋的是，因為A女士什麼事都順手做完，兩個孩子漸漸變得不主動幫忙做家事，也不自己準備學校要用的東西。

同樣狀況也發生在她先生身上。A女士不在的話，他連自己的內衣褲也不知道放在哪裡，使得A女士完全無法離家。

像A女士這種充滿熱心、以助人為樂的人，「去做」比「不做」要來得簡單多了。因此連孩子、先生原本「必須自己做的事情」也幫忙做完；結果，小孩跟先生都一樣失去做家事的能力，「媽媽不在就什麼事都做不了。」、「太太不在就一問三不知。」

如果妳也是熱心的人那當然很好，不過請留意下列幾點：

- 別為了要讓人感謝而幫助別人。
- 抱著即使不受感謝、不受誇獎是「好媽媽」也為別人做事的心態。
- 別為了自我滿足而過於干涉孩子。

管得太多跟漠不關心同樣都令人困擾。

對於習慣幫別人做太多的人，「不做」反而更困難。

11

即使帶孩子，也要保有「妳的世界」。

前面的文章曾經提到，為自己留點一個人的時間非常重要。

不過，各位知道為什麼一個人的時間，會成為自我人生的原點嗎？

如果帶小孩跟做家事是生活的全部，那麼等到孩子長大後，妳的世界就會失去重心。

不少女性都想要在孩子長大後，報考取得證照，或外出工作；但因為「希望獲得認同」而去找工作或考證照，我對這樣的心態存有疑問。

我希望大家擁有「自己的世界」，指的並不是工作或證照，而是除了帶孩子之外，有其他自己能做一輩子的事。換句話說，就是擁有「自己的專長」。

例如，如果妳對魚有興趣，可以進一步研究魚料理、魚類污染議題，或是魚的營養等；有各式領域可以拓展學習世界，妳也能藉此跟社會交流。

花一輩子持續研究、學習，也就是擁有妳的專長，就能從中獲得滿足。

根本不需要跟周圍的人比較，也不必有優越感或自卑感。

自己的專長不需要到才藝中心靠別人指導，也不需要獲得他人認同，更不需要花錢，不考證照也無妨。

從妳想了解、想學習的領域，找到適合自己發展的專長。

12

特別留意「我是為你好」這句話！

「媽媽是為你好才這樣說。」

「這樣做是為你好。」

各位會動不動就講這種話嗎？

「為你好」這句話很難懂。有時候說這句話是真的為孩子著想，但多半是「這樣做是為媽媽好」的狀況。

上好的學校、跟成績好的朋友來往，這些表面看似「為你好」的事情，其實在為你好（為孩子好）之上，更多時候是為了讓媽媽安心。

當母親為了面子、虛榮而說這些話時要特別留意，因為孩子對媽媽的這種欺瞞特別敏感，很容易出現反彈。

「為你著想」這句話裡包含著強迫的意味，在情緒上希望孩子依照自己期望的方向走。

事實上，不可能要求孩子依照自己的想法走，母親能做的只有列舉出人生的選項，例如告訴孩子：

「我認為這樣做對你比較好，但還有其他不同的路可走。選擇一的話，應該會像這樣，選二、三的話可能是那樣。」

類似這樣提供多個選項。

與其動不動對孩子說：「這樣是為你好，所以你要這麼做」，不如讓孩子從各個選項中思考自己要走的路，這才是真正好的教育。

13

一旦出現甩門、摔碗的行為時，試著找出當天內心不愉快的根源。

妳是不是會甩門、把東西重重放在桌上發出聲響，或是心情不好就悶不吭聲呢？

用具體行動表達自己這種不愉快的心情時，也會影響身邊他人的情緒。尤其孩子看到妳這種態度會感到不安，擔心是不是做錯什麼事。因為父母這樣的態度，會讓孩子變得必須隨時看人臉色。

明顯表現出不愉快時，請嘗試看看自己的內心，並找出不愉快的根源。究竟什麼事讓妳這麼生氣呢？有人說妳壞話？還是有不如意的事情？長久以來是不是都把這些情緒收在心底，不去面對呢？

一旦察覺到不開心，就要把這些情緒掏出來，將心情說給其他人聽。如果沒有聽眾，就嘗試寫下來。

不再一味收起不開心的情緒，而以表現出來處理掉，這麼一來妳就不必再甩門或摔碗了。

遷怒於物品或孩子，事後只會留下不舒服的情緒，這股不舒服的情緒就會連帶導致下一次不愉快的事件發生。

一再以行動來表達不愉快，將會失去孩子、先生，以及周遭親友的信賴。

這種以行動來表達不愉快的方式，也可以說是一種「希望他人了解」卻不成熟的態度。

14

是否給孩子貼上「不成材的小孩」的標籤？今天就把標籤撕掉！

我們很容易為周遭的人貼標籤，像是能力很好的人、拖拖拉拉的人、工作能力差的人、糟糕透頂的人、體弱的人等等。像這樣貼上標籤後，妳就不會看到標籤以外的特質了。

比方說，瓶身貼的標籤上寫著「醋」，即便裡頭放了水，妳也會深信裡頭是醋而不加以確認。給人貼標籤也是相同道理。

一貼上「不成材的小孩」這個標籤，妳就只看到孩子不成材的那一面。這孩子明明還有很多優點，妳卻變得只肯相信標籤。

更糟糕的是，連被貼標籤的孩子本身也會跟著這樣認為。跟孩子說：「你的協調性不好」，孩子也會覺得：「真的嗎？」，或者說：「這孩子算術很差」，小孩子就認為自己的算術不好。

我遇過好幾個「身體健康」的人，在長大後都說：「我從小體弱，不能太勉強自己。」事實上，這些人很多都是小時候常聽到別人說自己，「這孩子身體虛弱。」

標籤真的很可怕。如果妳也給孩子貼上標籤，記得今天就要把它撕掉；換掉先前帶著先入為主的眼光，重新正視孩子原有的面貌。

15

是否灌輸先生或孩子「要往上爬」的夢想？

希望先生升官，希望孩子有好成績，這都理所當然，但這會不會是過多的期待呢？

如果妳認為先生地位變高，自己也能一起提升；或是藉由孩子進入好學校來決定自己的價值，這種想法非常危險。

認為先生、孩子往上爬後，自己也變得了不起，把先生或孩子跟自己一體化的人，聽到別人稱呼自己是「大學教授夫人」、「社長夫人」、「醫生娘」之類，就會覺得很開心。

將先生或孩子與自己一體化之下，會以過多的期待束縛對方。不斷說著像是「要往上爬」、「要進更好的學校」，逼得先生和孩子喘不過氣。

此外，一群媽媽以先生的地位或孩子的學校水準來組成小團體，或是跟周圍的人比輸贏，這些都會變成很大的精神壓力。

活出自我，有自己專長（自己的世界）的人，因為對自我滿意，就不

會將夢想或期待投射到先生或孩子身上。正因為沒能活出自我，才會感到憂慮，對家人出現過多期待。

妳的價值不該是等到先生或孩子爬到高處後才決定，以家人為榮跟把夢想強迫加諸在家人身上，兩者大不相同。

在成為「某某人的媽媽」或「某某人的太太」之前，希望妳能以自己的名字活出自我。

永遠不要
低估你的能力和
寶貝的能力。

By Selena（親子作家）

16

並不是賺錢的就是老大。

有些人認為先生上班賺錢養家，自己沒有收入所以不敢隨意花錢，看到想買的東西也不好意思買。

另外一些女性朋友覺得先生工作很累，自己不該多說什麼；沒有工作、沒有收入的人，就不具發言權。但事實上真的是這樣嗎？

並不是只有在外頭賺錢的人才是老大，更何況認為先生「一個人」賺錢的觀念也不太對。

先生之所以能全力拚事業，是因為有妳包辦家務、帶孩子這些事。先生賺的錢不是靠他一個人賺來的，而是有妳、先生和孩子，一家人努力的成果。

以一家公司為例。汽車銷售商在賣車時，不可能只有業務員在工作；還要有業務、會計、總務等其他部門的人員一起努力，才能創造業績。

就像藝人工作時，需要經紀人、助理、髮型師、造型師共同合作的道理也一樣，沒有一個業務員或藝人是「只靠自己一個人工作」。

家人也是。因為每個人堅守在各自的崗位上，才能讓先生賺錢（有收入）。

所以妳不須因為「沒有收入」而感到不好意思。先生的收入並不是靠個人得來的，而是加上妳跟孩子，一家人共同獲得。

17

是否因為無法擠進媽媽幫而失落？

妳是否為了媽媽幫之間的聚會而煩惱？

A女士最近因接送女兒上幼稚園這件事感到情緒低落。送孩子上學時，在路上會遇到幾個鄰居帶著孩子，大家一起到幼稚園。但問題就出在送完孩子上學之後。

原來幾位媽媽會到其中一人的家中，一起喝茶、看電視，等到幼稚園放學。這個習慣讓A女士非常吃驚，但如果不加入這個小圈圈，似乎會被媽媽幫排擠，又讓她有些害怕。

A女士雖然意興闌珊，還是勉強加入了媽媽幫，但惱人的是接下來要輪到去A女士家裡等小孩放學。

對於出身鄉下，認為自己不懂得都市生活習慣的A女士來說，跟這群媽媽幫外出聚餐、看電影，造成精神上很大的負擔。

她想拒絕，又擔心拒絕後受到排擠，連帶害得孩子被欺負，於是在心不甘情不願的情況下，跟這群人一起活動；但最近她開始對先生發洩這些不滿，越來越情緒化。

我想很多媽媽都不想被孤立，面對想回絕的狀況也勉強接受。大家心裡都想著：「真不想加入這種聚會」，同時卻又顧慮到其他媽媽，還是維持表面的往來。一方面怕遭到這些同伴孤立，百般不願下仍提心吊膽維持交情。這是為什麼呢？

其實，這都是因為受到社會普遍有「須參與某個場合」的觀念所影響。

或許可以進一步說，這種觀念不僅是指進入公司、大學，更延伸到參與某一個團體、組織。

社會普遍認為：「隸屬於某個團體的人」要比「個人」來得可靠。

我們從小被灌輸的觀念就是朋友多的人才受歡迎，接受的教育是要我們不能破壞和諧的氣氛。換句話說，為了維持和諧應該要克制一己情緒，耐著性子。因為這樣的背景，當我們在這種場合（媽媽幫的小團體）受到過度關注時，就會感到不安。

與其將心力投入在團體中找到歸屬，不如嘗試把目標轉向經營自我。

如果每個人都有明確的想法，知道自己要做什麼，彼此以獨立的個體來交流，就不會出現霸凌的狀況。

因為理論上團體中有人遭到排擠，目的就是藉由疏離一個人，並加以攻擊，來加強整個團體的向心力。

「我又沒做什麼壞事，卻不知不覺遭到排擠，還被說壞話。」

有一位媽媽這樣感嘆。但這一點都不奇怪，因為不需要做什麼壞事，只要有個人當祭品讓大家攻擊、謾罵，就能凝聚同伴間的團結。這就是霸凌，非常可怕。

別再勉強自己加入這樣的團體了。

18

是否老想著
只有自己一個人很辛苦、
條件不好而鬱鬱寡歡？

隔壁的太太，不但先生經常幫她做家事，娘家又有錢，聽說她媽媽也經常來幫忙，真令人羨慕。不像我，又倒楣又辛苦。妳有沒有這樣的煩惱？

一感到疲憊就覺得世界上只有自己最不幸，要是看到其他遭遇不幸的人就覺得鬆一口氣，「還好，不是只有我。」出現這種情況時，非常危險。

表面過得令人稱羨的人，實際上也有妳看不到的煩惱，因此光看表面就跟他人比較並無意義。

每個人會因應自己能接受的程度來負荷責任（負擔、辛勞等），孩子有孩子的辛苦，不管是別人或者是妳，也都有各自要因應、面對的辛苦。

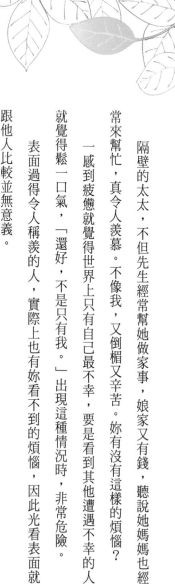

如果妳能因應的負荷隨著年齡增加，那麼妳承受的辛勞也會越多。如果妳覺得自己負擔很重，越來越辛苦，那是因為妳能負荷的程度已經提高的關係。

相對地，在妳眼中看來過得輕鬆愉快的人，一樣背負了其所能承擔的壓力。因此就算生活看來輕鬆，但當事人自己也很辛苦。

妳看到的只有表面，每個人能承受的種種壓力是無法從外界以肉眼窺見的。

不過，我認為無論看來過得多麼輕鬆愉快的人，都有辛苦的一面，也有各自的問題，並且努力去克服。這一點一定錯不了。

19

看電視或報章報導時，試著稍微檢視自己的想法。

孩子在做數學練習題時，如果先看解答，妳會怎麼做？應該會告訴孩子：「不可以這樣，要自己想」吧。

那麼，當妳自己在收看或閱讀新聞媒體針對事件及政經現況的報導時，妳又是怎麼做呢？

是不是聽了電視上名嘴的話猛點頭，「對對對，我也這麼想。」或看完政論節目的解說後，直接引用當自己的意見轉述呢？

我認為這就跟小孩子先看過練習題的答案一樣。不該將別人的意見當作自己的想法，而是接受別人的意見，然後思考自己有什麼想法。

小孩子的練習題解答只有一個，但人生遇到的練習則因為每個人不同而有無數不同的答案，妳必須靠自己思考來解答。這麼一來，想必可以用嶄新的觀點去看待跟妳有不同答案的人。

隨時訓練自我思考的人，就不會迎合其他人的意見，或是配合他人、讓別人決定自己的人生。

擁有自己的意見並非與他人競爭或否定他人，而是同時具備容納不同意見的包容力。

如果只因為某個號稱權威的人，或有所謂公信力的新聞媒體提出的意見，就讓妳全盤接受，並且當作自己的想法，這樣就太危險了。

在培養孩子自我思考的能力時，基本上的大前提就是媽媽也要有自己的想法。

看到把他人意見囫圇吞棗當作自己想法的媽媽，孩子長大後也不會有自己的意見，而是盲從其他人的想法。

人生總有第一次，

輕鬆面對，

事情沒有想像中的難。

By 香蕉太太（親子圖文作家）

20

與其不斷激勵孩子「要用功」，不如父母保持隨時學習的態度。

小時候覺得當大人真好，晚上可以看電視看到很晚，不用寫功課，也不用考試。就算看到大人白天得工作，但想想我也要上學，下課後還要上補習班呀。

我曾讀過，鳥類出生後會把第一眼看到在動的生物當作父母，並進一步模仿。就模仿父母這一點來看，人類也一樣；不少媽媽會苦笑著說，孩子模仿一些不想讓他們學習的粗魯言行，真傷腦筋。

沒錯，孩子會模仿父母。如果爸媽成天只是懶洋洋地看電視，總是嘴上說要孩子用功，對孩子來說沒有任何說服力。

吃東西也一樣，要是爸媽吃得津津有味，孩子也會跟著吃；爸媽說難吃的話，孩子也會跟著討厭這種食物。

想激勵孩子「要用功」，重點應該是自己讓孩子看看學習是怎麼一回事。

「我還得做家事。而且念書是小孩子的義務。」

或許妳會這麼想，但小孩子才不管這種道理，他們還是希望能看到媽媽認真學習的樣子。

「哇！媽媽也在用功，感覺好酷哦。」這樣的心情便能激發孩子模仿學習。

常有體操或游泳選手的小孩長大後，跟父母一樣成為出色的選手，就是因為常看到父母作為，耳濡目染的結果。

妳也可以找一本有興趣的書，坐在餐桌旁讀。

「哇，媽媽在看什麼？」

如果孩子跑來問，就告訴孩子閱讀的內容，相信孩子一定會模仿父母樂於用功的模樣。

21

接受孩子與生俱來的面貌。

真希望孩子的成績更好、更有禮貌……我們在不知不覺中對孩子的期待越來越大，這股越來越大的期待會造成孩子的不安。

「自己這樣的話，爸媽就不愛我了。」

「成績不好會讓媽媽討厭我。」

在這股不安之下，孩子會為了不讓妳失望而努力；乍看之下可能有好處，但這並不是自己主動、出於自我意願的努力，而是為了不被厭惡、為了被愛而勉強努力。這樣的努力很痛苦，一點都不快樂。

漸漸地，當痛苦變得更強烈，就會對媽媽感到憤怒。這類微小的憤怒，也就是不會顯露在外的憤怒，會在「成績好又有禮貌的孩子」心中慢慢累積。

要孩子能打從心底認真努力的話，就必須讓孩子了解重點不是結果，而是接受整個過程。即便就結果來說，成績沒有進步，但媽媽看到孩子努力的過程並給予讚美，相信每個孩子都會很高興。要是孩子得到好成績之類的結果才得到爸媽的疼愛，沒有獲得好的成果就惹人厭，這種有附帶條件的愛根本稱不上愛。

「無論發生什麼事，你都是寶貝，爸媽最愛你。」

這樣的愛，以及對方包容自己原有面貌的安心感，都能讓孩子無憂無慮成長。

寵溺跟接受孩子與生俱來的面貌，兩者並不相同。

寵溺是孩子做什麼都可以，愛則是接受孩子與生俱來的個性，並幫助孩子找到最適合的人生，讓孩子能散發最耀眼的光芒。

22

今天認真聽聽孩子的話。

「我的小孩不太愛講話。」我遇過這麼說的母親，但我覺得事實並非如此。這孩子並非「不太愛講話」，而是「沒能讓他發言，沒人聽他說話」。即使孩子想說，也會講到一半就被打斷、被忽略，或是遭到否定，於是孩子越來越怕開口。

沒有人願意傾聽，是一件讓人很難受的事。因為不想這麼難受，乾脆不再說話。當孩子想說話時，妳是否會用「我現在很忙，等下再講」這樣的理由打斷他呢？孩子在發表意見時，妳會不會還沒等他說完就加以否定，甚至說：「哪有這種事！」像這樣「沒有人願意傾聽」的孩子，到最後就變成「什麼都不說」的孩子。

「反正說了也沒人想了解」、「反正沒人願意聽我講」，這種失望的感覺會讓孩子失去對父母的信任。等到孩子長大後，父母才急著嚷嚷「多跟家人溝通」時已經太遲，因為孩子已經變得不愛講話。

為什麼傾聽是首要之務呢？因為有人願意傾聽就代表「別人能接受自己」。而且傾聽時要專心凝視對方，有什麼意見時，記得要聽完對方的話後再說。專心聆聽，不打斷對方，這才是溝通的基本原則。

現在電視節目中越來越多場景是任意打斷別人說話，或是否定對方。把這個稱為「討論」實在大錯特錯。在彼此交換意見時，中途打斷別人，不就無法了解對方真正的意見嗎？請記得千萬別把電視上錯誤的討論方式帶入家中。

23

外出採買之前
先繞去書店看看。

妳最近有沒有看書呢？不，應該要問有沒有看雜誌之外的書呢？如果答案是「沒有」，那麼今天外出採買時，先繞去書店吧。因為採購完帶著大包小包很麻煩，先帶著錢包到書店，建議盡量到陳列多種書籍的大型書店。

書店到底哪裡好？因為書本裡有很多內容能刺激妳的想像力。

那些讓妳不經意心動、讓妳不經意多看幾眼、讓妳不經意產生興趣的書，都是在妳活出自我的人生路上必備的。即便是在妳無精打采，對任何事都提不起勁時，只要到書店看看架上的書，一定能找到一本讓妳產生興趣的書。找到這本書，到附近的咖啡館坐著讀一下。

當妳的想像力延伸，越來越有興趣之後，就能接著找到下一本想看的書。像我們在做醫學研究時，讀完一篇論文後，腦子裡就會浮現接著陸續想讀的論文，或是自己想做的研究主題。

妳的閱讀主題也一樣，請享受持續不斷延伸的想像力與興趣，在採求與趣的過程中，相信一定可以建立自信。

或許有人要問，為什麼看雜誌不行呢？雜誌說起來就像只給解答的參考書，多數雜誌讓人讀了後就覺得夠了，不會再有想進一步探尋的心情。

何不嘗試到書店逛逛呢？

24

別再拿孩子做比較。

● 為什麼你不像哥哥這麼能幹？
● 聽說隔壁的某某人考了一百分哦。
● 某某人很會幫媽媽的忙耶。

妳會不會用這些話來比較孩子呢？

孩子被拿來比較是很可憐的事，尤其在跟他人比較時，都是被拿出沒有自信、失敗的部分，或者不擅長且屬於較弱的部分，這麼一來孩子會越來越沒有信心。

此外，還會有一種自卑感。自卑感並不會因為數學或自然的成績不好而出現，因為自己不擅長或是成績不好的話，並不會形成自卑感，單純就是「自己數學成績不好」而已。

然而，當「不擅長數學」等同於「自己這個人遭到全盤否定」時，就會產生自卑感。

不擅長數學的孩子，考試成績不好時，就算對他說：「你數學成績很差唷」也不會造成傷害。因為這是事實。

但是，如果告訴他：「你數學成績很差，真的很糟糕耶。某某人考一百分哦，你害媽媽好丟臉。」這麼一來，孩子會認為自己的一切都遭到否定，因而產生自卑感。

這就像婆婆對媳婦說：「妳都不會做菜，沒資格當人家老婆。某某人的太太燒得一手好菜。」兩者是同樣的道理。

別再找孩子的弱點然後跟其他人比較了，應該要找出孩子的優點才對。

「你很善良、很乖，媽媽很欣慰唷。」這樣告訴孩子的話，孩子就不會想跟其他人競爭，也不會嫉妒其他能幹的人。

25

比起「吃什麼」，「怎麼吃」更重要。

孩子飲食不正常已經成為現代社會的大問題。

有一些母親對孩子的日常飲食毫不關心，相對地，也有對營養均衡極度在乎的媽媽。「每天一定要攝取某種養分多少公克才行」，這種媽媽其實跟毫不關心的媽媽一樣有問題。

吃什麼的確很重要，尤其更要盡可能減少食品添加物及化學調味料。不過，比起吃什麼更重要的，就是怎麼吃。

但現實是，很多孩子並沒有跟家人一起吃晚餐，不是因為社團活動就是上補習班而晚回家。就算吃多好的食物，如果不能吃得開心，就不會分泌胃液，反而有礙消化吸收。

美國賓州有個叫羅賽多（Roseto）的小鎮，據說這個小鎮的居民很少人罹患心肌梗塞或動脈硬化的疾病。

相關醫學專家注意到這個小鎮的居民飲食，推測他們日常飲食中一定攝取較少的鹽分和脂肪，並展開調查。

不過，調查結果竟然跟預測不符，居民飲食中的鹽分跟脂肪並沒有比較少，甚至比其他小鎮還多。

那麼，為什麼這些疾病比較少呢？學者經過一番思考後做出了結論。羅賽多鎮的居民向心力很強，彼此有心靈上的交流，並在生活上互相扶持。只要三餐都跟家人或朋友愉快共享，減少壓力，就能預防疾病。

這項調查結果顯示，怎麼吃比起吃什麼重要多了。

從今天起，記得用餐時保持心情愉快。別在餐桌上罵孩子、批評孩子的失敗或是拿孩子跟其他人比較。

※備註：根據二〇一一年度的「兒童・青年白皮書」（內閣府）的資料，日本沒有好好吃早餐的小學生約有一一%，中學生則有約一六%。此外，常跟家人一起吃晚餐的小學生約有七一%，中學生卻只有約五七%。

26

交些談論體重之外話題的朋友。

我很愛喝咖啡，經常待在咖啡館，這時候會很好奇店內其他女性顧客的對話。依照內容有三大主題：其他人的壞話、抱怨婆婆或先生，還有體重跟瘦身。

尤其「最近胖了？最近瘦了？」這句話幾乎已經取代了「你好」、「早安」成了問候語，讓我很意外。

體重、瘦身這類話題，跟個人的生活風格以及與對方交心毫無關係。老是談這些表面的話題，一不小心就失去了跟對方交心的機會。

交些能談論體重之外話題的朋友吧，如果跟對方的交集只有體重，未免也太空虛。

比方說，孩子會看漫畫，但要是孩子交了只聊漫畫的朋友，妳也會擔心吧？如果先生開口閉口都是棒球或高爾夫球，妳也會說：「沒別的好講了嗎？」

跟體重之外沒有其他交集的人稱不上朋友，偶爾聊些沒營養的話題倒無所謂，但千萬別老是這樣。

27

主動交些能談心的朋友。

A女士遭到幼稚園其他媽媽幫排擠，雖然她很努力配合大家，避免其他人討厭自己，但不知不覺間，她似乎成了大家欺負的對象。自己絕對沒有那個意思，卻遭受批評是「裝模作樣，假高尚」，讓她感到很失落。

不過，現在不同了。她告訴我，「我不再勉強自己去配合其他人。」勉強來往的不叫朋友，跟勉強來往的人沒辦法連私底下的個人生活也一起行動。

「得這樣說話才行」、「不這麼做的話會惹人厭」，如果老是這樣壓抑自己，會不斷在內心累積挫敗感。

能坦然說出自己內心感受的人才是真正的朋友，交這樣的朋友吧。能夠暢談自己的心情，也能接受對方真正的情緒，這樣的朋友並不多。就像結婚對象，一輩子只會有一、兩人，我想一輩子真正的朋友差不多也是一、兩個吧。

或許現在沒辦法立刻交到這種朋友，但如果希望有真正的朋友，抱持這樣的態度，相信總有一天一定能交到朋友。經常有人說自己有一、二十個朋友，其實那不過只是「從事不痛不癢的集體行動」的一群人。

若是保持開放的心胸、坦然訴說心聲的態度，對方也會為妳打開心扉。

希望A女士也像這樣持續尋找真正的朋友。

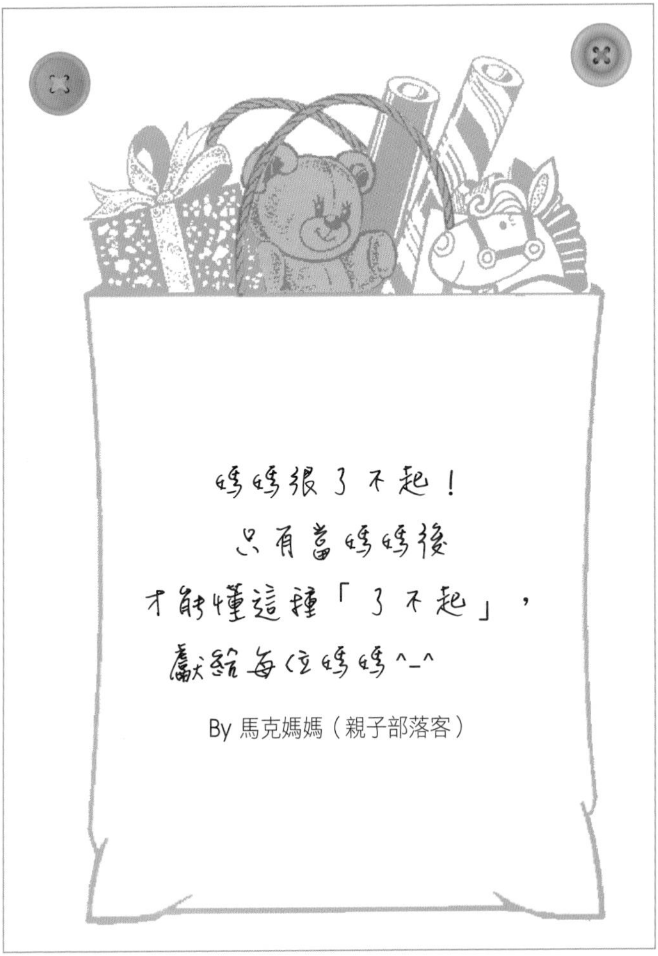
媽媽很了不起！
只有當媽媽後
才能懂這種「了不起」，
獻給每位媽媽^_^
By 馬克媽媽（親子部落客）

28

不是隨時活力十足
也無妨。

努力想成為「隨時都活力十足的媽媽」的妳，別忘了，即使不是隨時活力十足也不代表陷入低潮。當妳覺得有點疲憊時，說句「好累哦」也無妨。

A女士有個小學三年級的女兒，忙於照顧一家三口。但她平常還到家裡附近打工，雖然在外打工，家事卻也不偷懶。不過，自從她娘家媽媽身體出狀況，得靠她幫忙後，她的睡眠時間變少，開始感到疲勞。

然而，一向讓人感覺充滿幹勁的A女士，就連先生也說她「優點就是隨時活力十足」，公婆也因為她是個「健康又勤快的媳婦」而對她充滿期待，所以她還是不喊累，繼續拚命。

在她不斷逞強後，情緒變得焦躁不安，最後罹患神經性胃炎而病倒了。

平時很有精神的人，都會讓周遭的人抱著「活力十足」的期待，因為這樣，就算身體出狀況也覺得不能辜負大家，很容易逞強。

「好累哦，幫我個忙。」說出這句話並沒有錯。努力很好，但千萬別努力過頭。

他人對妳的愛並不是因為妳有活力又健康，因此努力到自己的極限，接下來覺得吃力時，就要尋求協助。

其實，求助比幫助別人來得困難。妳不需要隨時隨地保持強勢。

29

每次都對某個人單方面付出嗎？

「每次都是我在幫忙。A真好，永遠都有人可以幫他。」

妳會不會這樣發牢騷？在妳身邊永遠都有得幫助的人，妳也每次幫了忙，卻沒有任何回報，連一句謝謝也沒有。是不是有這種狀況？

我身邊也有這種人呢……

一遇到麻煩就立刻打電話，把我找去附近的咖啡館；明明是對方找我商量，卻連飲料也各自付帳，事後也沒再聯絡。就是有這種人。

確實我老是單方面幫助某人，但如果從另一個角度來看，我會在內心喊聲：「咦，等一下」，我得跳出思考的陷阱。

如果單從那個人跟我之間的互動，確實都是我在幫助他。但看看我跟其他人的互動，會發現也有單方面幫助我的人。

我想，幫助我的人很可能也盡受到其他人的幫助。

是的。如果從妳跟妳幫助的人來看，妳是單方面付出。不過要是提高到人與人相處的大環境，幫助別人的會受到幫助，受幫助的人也會去助人。

老是受妳幫助的人，一定也總幫助著某人。

因此，別再因為「我好吃虧」而感到焦躁不安。

30

人都有高低潮。
接受自己不順遂的一面
也很重要。

能永遠保持在最佳狀態的話，一定很輕鬆。不過，人的情緒跟體能都有高低潮，這表示妳也是凡人。大自然也有高低潮，永遠晴天的話會缺水，一直下雨也很傷腦筋。天氣的晴雨、潮汐高低，包括生理也有高低潮。自然界在高低潮交替下才能成立，然而，人卻希望永遠維持在最佳狀態。

這種「不願接受高低潮的心情」會成為壓力來源。狀況差時就情緒低落，焦躁不安；除了狀況差的壓力，再加上不願接受狀況差的壓力，煩惱一下子變成雙倍。

其實，只要是人都會有高低潮，沒有任何人永遠處在最佳狀態，我當然也有狀況差的時候。例如，注意力不集中、工作沒有進展、一接受諮詢就覺得疲憊。

我開演唱會時，也遇過聲音發不出來的狀況。狀況不佳時沒辦法工作，真的很困擾，但我有一次發現，在狀況不好時還能好好去面對，這才是所謂的專業。

換句話說，狀況好的時候，工作有好表現，在好心情之下和善對待他人，這些都很簡單。不過，專業人士會把重點放在狀況不好時能平均因應多少工作，以及該用什麼程度的情緒來面對其他人。既然妳是專業主婦、育兒專家，就要把重點放在狀況不佳時能發揮多少，別因為處於低潮就完全放棄，還是要盡力而為。這麼一來，或許結果不如狀況好的時候，但相信妳也能接受在低潮時盡力發揮的自己。

比起維持一定水準，更重要的是在低潮時有所發揮。

31

難過時就把心情寫在筆記本上。

難過時妳會怎麼做？轉換心情洗個頭、散散步，這麼做也不錯。

不過，如果做什麼事都不能讓心情變好，不如試著把難過的情緒寫在筆記本。

心情糟時找個人傾吐很好，但也可能找不到人，或者甚至連講話的力氣也沒有。有些事也未必適合跟先生、孩子說……

拿一本筆記本來因應這種狀況吧，不如把心裡的想法全寫下來。

先別說這麼做也不會讓心情變好，總之先試試看吧。寫完後，應該會覺得輕鬆不少。

要是覺得不擅於書寫，也可以嘗試用畫的，用代表妳心情的彩色鉛筆畫下來。

把難過和不愉快的情緒累積在心裡，久而久之會讓內心充滿挫敗感，隨時焦躁不安、肩頸僵硬，提不起鬥志。成天皺眉頭的媽媽，也會讓孩子感到不安。

嘗試用文字或繪畫來表達不愉快的情緒吧。這麼一來，就不需要依賴像是暴飲暴食、過度購物、抽菸等外力來轉移難過的情緒。

好啦，快準備好一套筆記本、筆、素描本跟彩色鉛筆吧。

32

是否為了想討好所有人而把自己逼得太緊？

妳希望別人稱讚妳是好太太，希望別人說妳是個能幹的媽媽，這種心情每個人都有，但如果為了這個目的連不合理的事情都要忍耐，最後一定不會有好結果。

A女士最近對先生很不滿，彼此也不太交談，有時甚至遷怒孩子，沒辦法控制自己的情緒。原因出在A女士跟公婆住在隔壁，結婚後就經常遭到婆婆的冷嘲熱諷。

婆婆會趁A女士不在時到他們家裡，拉開窗簾或是移動室內植物，要不然就是在她家裡放調理包食品、對孩子的教育出很多意見。A女士對此討厭得不得了，也不希望婆婆跑來家裡，但一方面卻又怕說出來之後會被別人認為是「無情的媳婦」，所以也忍了下來。

有時候A女士對先生抱怨，先生也隨口說了：「她是我媽，我也沒辦法」，並沒有認真面對。於是A女士也放棄溝通，但持續當個「好媳婦」的結果就是最後無法控制情緒。

為了讓所有人認為自己是「好人」而逞強，心靈會很疲憊。就像妳不可能喜歡所有人一樣，妳身邊的人也不會每個都喜歡妳。

別再為了取悅其他人而壓抑自己的個性。當妳覺得「我不喜歡這樣」時，就讓對方知道，當自己的意見跟對方相左時，勇敢說出「我不這麼認為」。

33

做家事、帶小孩，
都是一天二十四小時、
全年無休的工作。
要設下休假日
才是長久持續的祕訣。

做家事、帶小孩，都是一天二十四小時，除了是上滿八小時還要加班的工作，而且全年無休。任何公司都沒有這麼操勞的工作內容，不過，或許有些男性會這樣說：

「晚上被小孩吵醒的話，白天再補眠就好了嘛，反正時間很自由。」

但事實不是這樣。人類有所謂的生理時鐘，也就是生物學上的「規律」。早上太陽升起後醒來，白天活動，而夜晚日落後停止活動休息，維持這種規律的節奏。

現代社會中這個節奏走調，很多人的生活變成活動到深夜，以致身體變差。再說，媽媽就算晚上被孩子吵醒，也不可能等到白天再來補眠。

任何工作都沒辦法做到「二十四小時不休息」，因為人的注意力不可能持續這麼久。

為了能長久持續工作，要給自己設下休息的日子、休息的時間。這絕對不是偷懶，而是為了讓妳靜下來看看自己，才不會被家事、帶孩子這些工作壓到喘不過氣，反而得以長久持續。

休息可能讓妳有罪惡感，不過除了主婦外，天底下本來就沒有二十四小時不停歇的工作呀。為了能在工作時保持衝勁，請給自己設個休息的時間吧。

34

所謂教育，就是幫助孩子找到他最喜歡的人生。

教育究竟是什麼呢？有一位印度哲學家克里希那穆提（Jiddu Krishnamurti），他曾說過一句話：「所謂教育，就是幫助孩子找到他想做的事，還有最適合他的人生。」我很喜歡這句話。

我們似乎極易將教育定義成教授數學、國語或英語等某個科目，然後在這個科目上獲得好成績。然而，真正的教育並不是提升某個科目的成績，而是找到孩子喜歡哪個科目，適合往哪個方向發展。換句話說，教授某個科目只是為了幫助孩子找出發展的方向，例如孩子喜歡數學，適合朝這方面發展，還是擅長英語、體操或音樂。

不知道什麼時候開始，大家有一種誤解，認為教育是讓孩子的所有科目都獲得好成績，於是國立大學只有每一科都很優秀的孩子才進得去。結果就是培養出每一科成績都很好、卻不知道自己適合什麼的孩子；進入醫學院、工學院，結果畢業後成了很多不清楚自己適不適合當醫生、工程師的人。

沒有活出自我的人生，就算被周遭人誇讚擁有多棒的職業，靈魂依舊不滿足。即便獲得社會上的認同，心裡還是覺得缺少了什麼。

有人想朝美術發展卻進了醫學院，最後半途而廢；或是本來想從事音樂方面的工作但成了藥劑師，後來竟對工作厭惡到罹患身心症。

孩子真正想過的人生，以及適合發展的方向，有時多半跟父母的想法不同。

想讓孩子過精采的人生，就不該只希望成績進步，跟孩子一起找出喜歡的領域才更重要。

35

體貼，是教不來的。
當孩子看到妳對
植物、動物展現的體貼，
自然而然就會學習。

有的媽媽認為「得教導孩子要體貼」，不過體貼這件事與其用教的，不如讓孩子潛移默化。看到妳對周遭的人、植物、動物展現體貼，孩子自然而然就會耳濡目染。

在體貼上重要的是什麼呢？我認為要先拋棄一種觀念，就是：體貼他人或為對方做事很了不起，而接受的一方比較可憐。

人與人越是親近，越會自然出現體貼。就像左手受傷時右手會自然來安撫，肩膀僵硬時就會伸手揉揉肩。

如果覺得這個人跟我毫無關係，在體貼對方、或是為他做什麼事時，如果對方不表達感謝就會生氣，或出現一種助人的優越感。但我們不會認為身上的右手比左手來得優越吧？

換句話說，所謂的體貼就是試著在心中跟對方感同身受、產生共鳴，如此一來自然而然就會產生體貼。

人不能獨自生存，必須讓孩子知道，有其他人扮演什麼樣的角色來支持我們的生活。

像是日常喝的水、穿的衣服，都是由其他人製作、運送，我們隨時隨地都受到其他人的幫助。要把這種觀念傳遞給孩子。

教養生活不是教條與比較，
這本書讓我們了解先讓自己
成為一個溫暖親切的女性，
即有可能成就出
喜樂的孩子與婚姻。

By 番紅花（親子作家）

36

插一瓶花、放音樂聽，營造讓自己放鬆的一刻。

有人說鮮花很貴，所以不買。的確，鮮花不能拿來填飽肚子，不過在家裡插一瓶花擺飾，可以讓妳跟孩子的心情變得平靜舒暢。

對家計嚴密控管、錙銖必較固然重要，可千萬別連心靈的養分也計較了起來。

鮮花、書本、音樂，我認為這方面的花費不必小氣。

面對一件事，我們很容易馬上區分出什麼是有幫助、什麼是無益的。

- **做那種事沒好處。**
- **跟那個人來往沒幫助。**
- **做那種事也沒人會稱讚。**

像這樣分出有幫助的事、有幫助的人，沒幫助的事、沒幫助的人，然後把無益的事情跟人都拋諸腦後。

然而，就像出色的廚師能運用所有材料，幾乎不產生任何廚餘；人生高手也能將乍看之下沒有幫助、無益的人跟事情充分運用。

首先，捨棄「不做不賺錢、沒好處的事情」這個觀念。

插一瓶花、讀一本書、聽聽音樂，試著珍惜這種乍看之下不能賺錢的事。

這些事或許不會帶來財富，但都是妳跟孩子心靈上的養分，勢必會成為內心的儲蓄。

37

留點時間接觸大自然。

最近有沒有機會親近大自然呢？比如到公園散散步，在盎然綠意中深呼吸。

如果答案是：「有一陣子沒這麼做了。」那麼請花點時間接觸大自然。在水泥建築物裡待久了，心情也會變得低落。經常有人說：「以前的小孩子遇到不順心的事都會忍耐，最近的小孩卻越來越沒耐心。」但我認為自然環境的變化也是原因之一。

遇到再不如意、再難過的事，只要躺在草地上仰望天空，吹吹舒服的風，心情就會好轉。

此外，大自然也有一股力量，讓妳覺得那些難過的事其實也沒什麼大不了。

過去孩子在「物質」上或許不足，但身邊有大自然圍繞，得以克服外界的壓力。

別太快否定，認為「這樣子不可能讓心情變好」，總之先試試看。到森林、海邊，或是任何能接觸到大自然的地方。

以前有位父親對不願上學的國中生兒子很傷腦筋，我建議他們暑假一起去露營。雖然在大自然中生活上有些不便，但過完暑假這個男孩就重拾活力，等到秋天新學期就開始肯上學了。

人類畢竟還是生活在大自然中的動物，妳也要跟孩子一起找時間親近大自然。

38

唱唱歌、畫畫圖，跟孩子一起鍛鍊五感。

唱歌、畫圖，這些是運用右腦的自我表現。如果孩子不太會用語言表達，或許用唱歌、畫圖也是很理想的方式。

我在接受諮詢時會要對方畫圖，當然，不需要畫得很好。比方說，「難過的心情是什麼感覺？」請對方用彩色鉛筆畫在素描本上，或是用想像表達自己今天的心情。

有人會說他圖畫得不好，但一開始先用想像表達後，對方也逐漸適應，在表達的過程中心情便能越來越輕鬆。此外，在圖畫中描繪出包容溫柔自己傷心情緒的形象，心情也會漸漸好轉。

藉由畫圖，或是以想像來表達，還可以察覺到自己情緒中沒發現的地方。用畫圖或唱歌這類表達方式，可以接觸到平常沉睡的自我潛意識。

例如，對自己沒信心或感到憂慮的女性，會用有如細枝的身體來表現自身的想像，精神好的時候則會呈現出自己是在清新草原上。

當妳發現跟孩子溝通不足時，可以跟孩子說「今天發生什麼事？」，然後邊說邊一起畫圖。

當然，也可以一起唱歌，或是配合音樂活動身體、跳跳舞，藉此來對話。

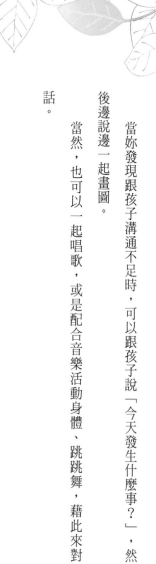

39

別讓孩子成為媽媽的情緒垃圾桶。

壓抑不愉快的情緒而為一點小事就暴怒的情況，其實比想像中還多。這種狀況下，母親發洩怒氣跟不愉快情緒的對象大多是孩子。在焦躁下，母親有時會因為芝麻綠豆大的小事就罵人，甚至打小孩。

這種時候孩子會對媽媽莫名其妙的憤怒不知所措，並感到難過。媽媽在忍不住大罵孩子後，也很後悔吧？

覺得對孩子感到過意不去，就坦然道歉吧。這時要留意的是讓孩子清楚看到媽媽真實的內心。

「媽媽被其他事情煩到心情不好才遷怒你，對不起。並不是你做了什麼錯事，媽媽才大聲吼你。」

這樣道歉的話，孩子應該可以諒解吧。如果孩子面對不合理的對待，事後媽媽也不加以說明，孩子就會變得隨時看媽媽臉色，或是對媽媽不再信任，甚至因為怕媽媽不高興而說謊。

我曾遇過一位女士，她說小時候每次只要在房間踩到榻榻米的邊緣，媽媽就會狠狠揍她一頓；她腦中雖然浮現：「為什麼媽媽會為這種小事生氣呢？」的情緒，卻立刻壓抑、忍下，但後來她變得再也不相信母親了。

母親可能因為微不足道的小事傷害孩子，因此親子間在建立基本的信任關係時，媽媽要記得不能把孩子當成自己的垃圾桶，發洩憤怒跟焦躁的情緒。

40

母親這一行是為了讓妳成長而存在。

我擔任醫師已經超過三十五年，最近我又覺得自己因為這份工作而更成熟一些，讓我學到很多。

剛踏入醫界時，我的精神層面還很嫩，很容易跟患者產生共鳴，被情緒牽絆，每每面對生老病死這類人生大事時都會受傷。

然而，隨著一點一滴累積工作經驗，我在精神上也成長了不少。工作果然可以使人成長。

母親這一行也一樣。當一個母親能讓女性成長，在精神上變得更成熟。母親被賦予一個無法讓自己時時如意的對象，也就是孩子時，首先可以學習到在人際關係中如何與自己想法相左的對象相處。

接下來，當孩子的選擇與自己的想法不同時，學著接受，並且接納對方與生俱來的面貌，產生共鳴。也可以學習不要只為了滿足自己的自尊心而對孩子抱了太多期待，接受自己孕育出的人格跟自己是不同個體。

接受他人、與對方產生共鳴、體會同樣的情緒，這是讓人成長的人生課題。

我認為工作並不是為了賺錢或獲得社會地位，所有的工作都是藉機來學習成長的。

母親這一行不全是為了孩子，由於身為一名母親，妳也能藉此自我成長。

41

發現圍繞在身邊的幸福。

很多幸福是在妳失去後才發現，其實這樣很可惜。

例如此刻對先生、小孩感到不耐煩的妳，應該沒發現到自己的心臟規律跳動，腸胃正常消化吸收吧？

不過，當開始出現心律不整、腸胃出狀況時，就會發現自己過去擁有的幸福，「啊，之前身體真好。」換句話說，在沒失去幸福時很難發現。

經常看到有人感嘆著過往的幸福，像是「以前真好」、「單身時好自由」，這種人眼中並沒有現在擁有的幸福。

在細數不滿前，不如先去發現此刻自己擁有的幸福。像是自己和先生、小孩身體健康，這些幸福一旦失去應該會很痛苦，但現在的自己卻不去好好珍惜。

仔細想想會發現，即使沒做什麼特別的事，自己也已經非常幸福了。

42

別把獨立跟任性混為一談。

當孩子不聽話時，妳會不會擅自認為「這孩子真任性」呢？不過，這種想法會妨礙孩子的自主。別再把「不聽話」跟「任性」混為一談。

舉個例子。A女士有個上幼稚園的小孩，她嘟噥著：「我的小孩任性得不得了，得對他兇一點才行。」細談後發現原因竟然出在小孩穿的睡衣。A女士買的睡衣小孩子看了不喜歡，看到款式、摸過材質後就說「討厭這個」，據說還想要媽媽帶自己去買喜歡的。

A女士告訴孩子：「你這樣太任性了。這是媽媽買給你的，你要乖乖穿。」但這並不叫做任性。試想如果先生買了一件A女士不喜歡的衣服，卻說：「這是買給妳的，別說不喜歡，好好穿就是了。」A女士會怎麼做呢？一定會說：「開什麼玩笑，這件衣服我又不喜歡，才不穿呢。」

這不叫任性。對妳來說理所當然的事，卻不許孩子這麼做，實在莫名其妙。妳的論調只不過是：「小孩子當然應該要聽大人的話」。

「想吃什麼」、「想穿什麼」、「想做什麼事」，能夠明確了解這些是自立的第一步。請尊重孩子的這些想法。知道自己喜歡什麼，未來就能自己決定該走什麼樣的路。能表達自己喜好的孩子不叫任性，而是「獨立」。

陪伴、支持、無條件的愛，
是父母給孩子
最大的禮物！

By 陳藹玲（富邦文教基金會董事）

43

無論多小的約定，沒能遵守時就要跟孩子道歉。

有個朋友順利進入夢寐以求的行業，工作一陣子後突然感到憂慮，身體還出現異狀。

我聽她說，在她國中跟高中入學後感到很高興時，好像也曾突然感到不安而導致身體失調。其實，在她心中已經有一套思維模式是：只要夢想實現時，身體就會出狀況。

既然是值得開心的事，為什麼會這樣呢？後來她告訴我她成長的背景。

她的父親是公司高層，非常忙碌，聽說父母間的關係也並不和睦。爸媽跟她約好星期日帶她去遊樂園，卻因為父親要工作而取消；她為了這件事情哭鬧，媽媽就會氣得大罵：「爸爸要工作啊，沒辦法嘛！」這段記憶讓她印象深刻。爸媽當初答應她，考上高中就帶她出國旅行慶祝，結果這件事好像也因為當時父親生病，家人告訴她「現在不是出國玩的時候」。

在她心中已經有一個預感，就是無論再怎麼期待的事，總是無法實現。

因此，即便真的有好事發生、夢想實現，她也會憂慮地告訴自己：「不可能有這種事，一定是哪裡有問題。」於是當夢想實現時，身體就出狀況。

有時候的確無法遵守約定，像是父母有工作或生病，這些都在所難免。不過，如果妳沒遵守跟朋友之間的約定時，不會只說句「要工作我也沒辦法」或是「都生病了當然不能去嘛」而已吧。一般來說，都會說「對不起，我臨時要工作。」或是「對不起，我身體不舒服。」

跟孩子之間的約定也一樣。孩子對此非常期待，因此沒能實現時，必須好好跟孩子道歉。看到爸媽誠心道歉，自己也打從心底接受後，這件事就不會在孩子心裡留下傷痕。

孩子的心中之所以留下傷痕，就是在莫名其妙的狀況下遭到毀約，造成難以接受的難過情緒所導致。

44

擺脫「無法獲得認同就焦躁不安」症候群。

我在報紙上看到一篇投書，內容是目前在家帶小孩的A女士，到高中時期的老師家裡玩。

老師問A女士：「妳每天在家裡這麼清閒，不無聊嗎？」

A女士聽到後大吃一驚，而且被這句話深深傷害。她帶孩子整天都很忙，晚上也沒辦法好好休息，別說無聊，每天根本累得要命。

「家庭主婦要帶小孩、要做家事，非常忙碌，為什麼其他人都不懂呢？希望大家不要再說這種傷人的話。似乎很多人都認為家庭主婦很清閒，請別再有這種錯誤的觀念。」

A女士在投書中這樣寫。

各位大概也不太了解A女士的心情，但我很懂。

不過，正因為這樣我更想說，即便「希望別人能了解我有多努力」，但還是很難，他人多半無法理解。

我自己也是，就算工作得半死，身邊的人也經常不能理解。

但千萬別因為「別人不懂」這個理由，就讓自己陷入低潮或焦躁不安的情緒裡。

一旦出現「無法獲得認同就焦躁不安」症候群時，就代表妳對自己的行為缺乏自信。

如果自認這個就是自己要的，這是好的，秉持這種價值觀的話，即便別人不認同自己，也不會感到失落。

當別人說：「家庭主婦很清閒吧。」妳大可抬頭挺胸告訴對方：「不是哦，每天都很忙耶。」

此外，要對自己目前做的事抱持信心。就算別人不能了解，妳也可以認同自己正在做的事。

45

幫助孩子選擇一條，即便困難也能精神奕奕走下去的人生道路。

不希望孩子受苦，盡量讓孩子輕鬆點，這或許是天下父母心。在這種想法下，會進而建議孩子走一條「盡量少點辛苦、不出錯」的道路。但是，也有必要讓孩子知道，有時即使困難也能從中獲得快樂的人生。

A女士為了不想讓女兒受到升學之苦，便讓女兒進入私立的附屬小學就讀。這所女校是一般所謂的千金學校，從小學可以一路直升到高中。如果成績不是太差都能順利畢業，大學也可以推薦入學，對A女士來說非常有吸引力。

不過，小學一年級的女兒居然對她這麼說：「媽媽，為什麼這個學校沒有男生？太無聊了吧。」

小女孩似乎覺得之前在男女同校的幼稚園過得很開心，於是告訴媽媽還是很想上男女同校的小學。A女士說：「媽媽是為妳著想才讓妳念女校。」但女兒立定志向，「既然這樣，我這六年用功念書，國中改考其他學校。」

即便入學考試非常困難，但聽說這個小女孩為了能念男女同校的國中而非常努力。

這只是一個例子。我也聽過孩子希望從事一些乍看之下很辛苦的行業，例如音樂、藝術領域的工作，父母就會非常擔心，並建議孩子還是挑上班族或公務員這類安全有保障的工作。

然而，就算困難也是自己選擇、自己想走的那條路，這樣就能精神奕奕地走下去。面對孩子選擇這條雖然艱辛卻很快樂的路，父母也要欣然接受。別強迫孩子走上看似順遂卻空虛的道路。

46

接受步調不相同的人。

「這孩子怎麼這麼遲鈍呢？」

「那個人做什麼都拖拖拉拉，好討厭。」

面對跟自己步調不相同的人，是不是經常感到不耐煩呢？

其中有人可能會在心裡瞧不起對方，「我的話早就弄好了。」或者有人罵小孩，「媽媽小時候動作快多了。」

無法忍受跟自己步調不相同的人，會形成一股很大的壓力。面對動作慢的人，不願意去配合，還不斷催促對方，或者不想等待對方努力趕上自己的步調而先走一步，這類人不但給自己造成壓力，還會傷害別人。

A女士的手不太巧，聽說她兒時有段不快樂的回憶。她平常扣釦子、綁鞋帶都會花上比較多時間，所以跟媽媽出門時會早一點就坐在門口綁鞋帶。結果一會兒後，媽媽走到門口會跟她說：「唉，妳這小孩真遲鈍，還沒穿好啊？」她並沒害媽媽來不及，卻要聽這種話，而且因為知道自己動作慢，所以才提早來穿鞋，沒想到媽媽還是說出讓她受傷的話。

每個人都有自己的步調，與其配合別人的節奏，更重要的是接受並且理解他人的步調。

動作慢的人，只要努力提早準備，不要遲到就可以。與其不停催促孩子，更應該了解孩子的生活節奏，並且予以包容。

47

當個樂於參考不同意見、不同價值觀的母親。

妳會不會因為「那個人跟我有相同的看法」就和他交朋友？只接受跟自己有同樣意見的人，對於跟自己價值觀不同的人就批評、否定，這種作法很有問題。

只接納跟自己意見相同的人，這種觀念也會影響孩子。有一些孩子只跟家庭環境類似、經濟狀況差不多的人交朋友，對於其他人則予以否定或無法接納；有時甚至只因為「跟自己不一樣」的原因就欺負別人，這些都是受到父母的態度影響。

女性很容易只跟一群與自己環境相仿的人形成小圈圈，批評環境不同的人。往往只因為孩子上同一所學校，先生的工作相同等這類原因，就能組成小團體。

如果光組成小團體還沒什麼問題，但如果進一步否定跟自己環境不同的人，就大有問題。

例如常見到有小孩的人批評沒有小孩的女人「沒辦法獨當一面」，已婚女性批評未婚女性等等。不能接受跟自己不同意見或人生的這種態度，其實就是對自身沒有信心的一種表徵。

不否定有不同意見或是其他身在不同環境的人，當個樂於參考各種差異的母親，在這樣的態度下教養出的小孩也會有包容力，接納不同環境中的其他孩子。

48

撕掉貼在自己身上
像是「我沒什麼用」、
「反正我做不好」的標籤。

妳會不會把「我這種沒用的人」、「反正我做不好」這種話掛在嘴邊？一旦貼上「我這種人做不好啦」的標籤，妳就真的什麼都做不好了。就算好不容易有一點嘗試的衝勁，也會被「反正做不好」的口頭禪澆熄。

我在診所看診的經驗中，了解到憂鬱的心情都是從貼上「反正做不好」的這個標籤開始。

A女士在帶孩子的忙碌生活中，突然想到給自己留點時間，打算重新拾起學生時代的毛筆，練習書法。

然而，卻因為「反正我怎麼努力也做不好，做這種事要做什麼」的這句口頭禪，澆熄了好不容易燃起的熱忱，結果變得憂鬱，煩躁不安。

前面曾提到，一給孩子貼上「沒用小孩」的標籤，接下來就只會看到孩子做不好的地方；其實同樣的情況也適用於大人，也就是妳身上。

一旦貼上「我這種人做不好」的標籤，就不會去看自己的優點，眼中只剩做不好的地方。再加上「反正我很沒用」，最後對任何事都提不起勁。

就算結果不好又如何？只要想到一件事，就試著做做看。在付諸行動之前就放棄，不是很可惜嗎？

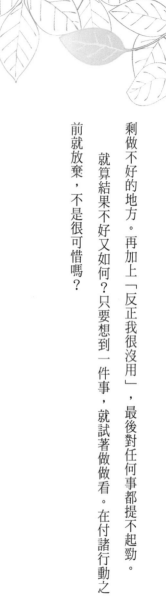

49

別再老為還沒發生的事感到失落。

妳是不是那種凡事都先想很遠的人？沒錯，很多當媽媽的人都會設想還沒發生的事，得及早準備。不過，要是老是想著還沒發生的事而感到失落，就是掉進「提前思考迴路」裡。

A女士是個很敏感的人，早上碰到鄰居打招呼時，對方露出心情不太好的表情她會立刻察覺，然後感到苦惱著「是不是我說錯了什麼？」，越想越多，情緒陷入憂鬱。

其實，鄰居可能只是因為沒睡飽才心情不好，但A女士很容易就聯想到「是不是自己的錯？」即使面對孩子也一樣，小孩的成績稍微退步就開始擔心，「這樣會不會影響升學？」甚至進一步苦惱，「萬一升學不順利我該怎麼辦？」弄得自己很憂鬱。

有時的確需要想得遠一點，但如果無限延伸，不知不覺就找不到「當下、現在」在哪裡。如果思考到未來而感到失落時，先試著想想「當下、現在」能做的事。打招呼時多問對方一句：「你怎麼啦？」也能轉換一下心情。至於孩子的成績，也可以在當下跟孩子討論。把握「當下、現在」做的事情，一定能讓情緒好轉。試試看，盡妳此刻最大的努力。

50

妳是世上獨一無二的。

「像我這種人一點都不特別，只能跟其他人做同樣的事。」妳是否為此感到失落呢？

的確，做家事、帶小孩，表面上看起來跟其他人沒什麼不同，一點也不特別。

不過，沒有任何人能代替妳做這些事情，妳是世上獨一無二的，孩子就只有妳這麼一個媽媽。

還有什麼比這個更特別的呢？沒有人能取代妳做相同的事情。

妳每天做的事，就跟公司裡某個人製作的特別企劃，或是進行重要手術的外科醫師的工作同樣特別。

不，企劃案跟手術或許還能找其他人來做，例如手指靈巧或者有天分的人應該就做得來。但妳是孩子的媽媽，這件事任何人都無法取代。

光是妳的身分就很特別。妳是這個孩子的母親，既然這是妳的孩子，單憑這一點就夠特別，這不是無可取代嗎？

請珍惜這樣的「特別」。再次察覺到自己的重要性，在情緒上應該會變得不同。

接下來就享受妳最特別的工作吧。

51

讓「不肯幫忙」的先生參與。

我常聽到女性朋友說：先生不肯幫忙帶小孩，平常很晚才下班回家，假日也只在家裡看電視。這種抱怨非常多。溝通的基礎就是「多製造交談的機會」，因此遇到這種狀況常令人擔心孩子跟爸爸之間會出現溝通不良的現象。

不過，進一步了解會發現，很多時候先生並不是特別討厭小孩，也不是拒絕幫忙。既然這樣，為什麼不太積極呢？思考之下常見的原因有幾個。

「不知道該怎麼做才好。」

「不知道要幫些什麼。」

因為社會期待或文化影響，男性很少在成長過程中被要求做家事。由於從來沒有照顧小孩子或做家事的經驗，難怪不知道該做什麼。換句話說，在帶小孩跟做家事方面，不可能期待先生積極參與。

那麼，該怎麼辦才好呢？

首先，一定要具體告訴先生協助的內容，該怎麼做、做些什麼、什麼時候需要幫忙等等。雖然遺憾，但別再期待先生的主動與積極，嘗試直接具體表示「幫我做這個」吧。想讓先生爽快幫忙，並進一步引導出積極主動性的話，記得千萬別在權利上主張，說「幫忙是天經地義」。可以改用「麻煩一下」、「幫了大忙」、「謝謝」這些話，讓先生覺得自己有所發揮。

一開始可以請先生陪孩子玩，或自己外出購物時照顧小孩，類似以這種相對開心的工作為主，或許會比較順利。把握「具體」這個關鍵字，提出實際的協助內容，讓先生共同體會帶孩子的感覺，這不失為一個好方法。

※備註：根據二〇〇五年公布的「高中生學習意願與日常生活」（日本青少年研究所）報告，「家中規定要幫忙做家事」的高中男生，在美國約有六八％，但日本只有三二％左右，不到美國的一半。

52

為了帶孩子而暫停工作，感到不安時，學點「這時候才能學」的東西。

身為藥劑師的A女士，因為生產、育兒的關係，目前暫時休長假。她離開工作崗位一年多，將來打算重回職場，但看到日新月異的醫療環境，休長假這件事讓她憂慮不安。

休長假確實令人憂慮，要減輕這樣的不安，「每天一點一滴的累積」非常重要。我建議A女士，不如每天花個十分鐘，找些「目前也能學習」或是「這時候才能學」的東西。

例如之前外出上班時，沒什麼時間慢慢閱讀醫藥方面的書籍，或是查完後仔細做筆記。現在在家帶孩子，可以趁孩子睡著時在床邊一天花十分鐘閱讀，做筆記。

A女士讀的是醫藥方面的專業書籍，從事其他工作的人請挑選自己平常想讀的專業書籍。即使一天只有十分鐘，一星期累積下來就有七十分鐘，一個月有將近三百分鐘。何不嘗試用充實自我的方式來取代焦慮不安的時間？

距今約二十年前，有場日本與德國的女性會議，我以與談者的身分出席。當時德國公司的管理高層表示，該企業給予女性員工為期兩年的育嬰假，不過休假期間員工必須在家學習其他領域的知識，並且有義務提交報告。這麼一來，員工在重新回到工作崗位時，在技能上較之前更加提升，而且又有了其他領域的知識，能因應的範圍也更大，這等於是一種人才養成的制度。

別把育嬰假視為負面，因為在這段期間也能提升新的技能。平常在工作忙碌時沒辦法好好做的事，剛好趁著育嬰假期間學習，藉此減輕憂慮，也能進一步產生自信。

要開著電視懶洋洋、不耐煩地度過十分鐘，還是花這十分鐘來磨練自己，提升新的技能，就靠妳自己的意願選擇。

歡迎進入備嘗艱辛
也最愉悅甜蜜的
「真愛」課程，
分分秒秒精彩絕倫！

By 彭菊仙（親子教養書作家）

53

變得咄咄逼人時，就是得「慰勞自己」的徵兆。

有一次我跟一位學妹聯絡，電話中她的聲音聽來咄咄逼人，讓我感到很意外。平常總心平氣和，面對凡事客觀判斷的她，這天卻莫名情緒化。我回想一下，上次跟學妹交談已經是半年多前，在那之後，她因為生產休假，我這才發現她現在正辛苦帶孩子。

啊，她一定很忙。

我一想到這一點便長話短說，交代完重點就掛了電話。我猜想，她可能每天都得面對前所未見的狀況，忙得團團轉吧。

當自己沒時間、忙到喘不過氣、有一大堆得處理的事情時，人就沒辦法客觀看待事物。這種狀況下，一不留神就會流於情緒化、焦躁不安，變得敏感易怒。我想妳一定也有類似的經驗。

語調上顯得咄咄逼人，或是忍不住把情緒發洩在對方身上；在心情上可能得到爽快，但也僅止於一時，之後一定會馬上後悔並且感到失落。「我搞砸了！」然後怪自己為什麼這麼做。

提醒自己要小心，或是要自己別再變得這樣咄咄逼人，幾乎每個人都會這樣想，但我在這裡要提出另一個方法。

當妳的語氣變得咄咄逼人，或是感到不耐煩時，這就是「身心的呼喊」、「慘叫」。這表示妳已經忙不過來、好累、好想休息，請正視從內心發出來的吶喊。精疲力竭時需要休息，休息不代表偷懶；為了過得更好，為了照顧孩子跟家人，從「自我照顧」的概念上也要多休息，慰勞自己的身心。

變得咄咄逼人的一大原因就是肉體上的疲勞。想想自己是不是睡眠不足？留點時間讓自己好好伸展身體，讓身體休息。當身體放鬆，情緒上也會有變化。妥善處理身心發出的警訊，讓自己恢復到正常的狀態。

54

想要兼顧工作跟育兒，可以採用「每天變換優先順序」的方式。

A女士把孩子交給托兒所，自己外出工作。她下班後先繞到托兒所接小孩，回到家後有堆積如山的家事等著她；三餐隨便吃，也沒什麼時間跟小孩玩。她的煩惱就是跟孩子相處的時間太短，而且要孩子耐著性子配合她，也讓她很有罪惡感。我想有工作的各位朋友，或多或少都有跟A女士相同的煩惱吧。

面對這種狀況，我的建議是採用「每天變換優先順序」的方式。

相信每個人都經常思考，日常生活中要把什麼事放在優先順位，並且會依照自己心中的順序來執行。如果嘗試分類得更細一點，觀點就會有些改變。

例如，想看孩子的功課，卻沒辦法每天都撥出時間，那麼就決定每週的一天，像是星期五傍晚的第一順位就是陪孩子念書，其他家事跟帶回家的工作，當天不放在優先順位。像這樣訂出順位就能兼顧跟孩子相處、遊戲、學習等，把時間分配好，心情也比較自在，孩子也能接受這樣的安排。

還有一點，妳或許認為孩子耐著性子是為了「配合自己」，但妳的工作應該不是為了一己私利，而是為了分擔家計、參與社會，對社會有貢獻吧。

請對自己的工作多些驕傲與信心。妳從事什麼樣的工作，用什麼方式參與社會，都必須說明，讓孩子懂得，這一點很重要。這麼一來，孩子對於母親的認知除了「媽媽」之外，同時也是「社會中的一份子」。

在我任職的大學裡，有個學生的媽媽是護士，以單親媽媽的身分帶大兩個小孩。

「我母親工作很忙，陪我們的時間很少，但她會告訴我們她的工作狀況，我們都以媽媽為榮。」學生曾這樣告訴我。

即使時間不多，可以提高相處時的品質。在沒辦法陪孩子的工作時間，也在努力打拚，提高工作品質。有這樣的觀念十分重要。

55

好好說「不」。
——因應二代住宅引發的煩惱，先提出客觀的根據，之後進一步商量。

A女士家中有先生跟兩個念小學的孩子，一家四口。公婆就住在離A女士家車程五分鐘左右的獨棟住宅，每週A女士一家人會跟公婆一起吃晚餐，或是出外購物。

由於公婆年邁，出門越來越不方便，加上A女士的先生是長子，大家也有心理準備，公婆總有一天得跟A女士一家人一起住。談到公婆目前的房子差不多該改建，還是附近有一塊新的土地要出售時，先生跟公婆便提起不如趁這個機會買下土地，蓋一棟二代住宅一起住，大夥兒顯得興致勃勃。

但A女士對於跟公婆同住一事沒什麼信心，就算是二代住宅，不算在同一個屋簷下，還是無法確定能不能跟公婆處得來，很想婉拒；一方面先生卻想得很簡單，認為兩家的大門跟廚房都是獨立的，不會有問題。

「真苦惱該怎麼拒絕才好。」這是A女士想找我諮詢的內容。我想因為跟父母一起住、以及二代住宅的問題而煩惱的，應該大有人在吧。

A女士是煩惱接下來的發展，但也有些人在進展之後觸礁，遇到很棘手的狀況。

B女士婚後住在大城市，父母跟弟弟、弟媳住在鄉下，平常由弟媳負責照顧。B女士的弟弟一家住在離父母家徒步十分鐘的大樓，由於父母住的獨棟住宅已十分老舊，弟媳便提議改建後兩家人一起住。老人家雖然期待一起住，但對現在的老家十分眷戀，心中其實反對改建這個提議。

然而，面對兒媳的強勢態度卻不敢說不，最後乾脆放棄，全權交由媳婦處理，老人家一概不過問。

弟媳本身對設計很有興趣，跟建築師、設計師友人討論之下，花了半年時間規劃設計，把最終定案的設計圖給父母看。一看到這份設計圖，爸媽大吃一驚，原來新家沒有留給女兒B女士的房間，往後女兒回娘家沒地方睡，而爸媽的房間也小得不得了。

一問之下，弟媳表示B女士回娘家時她可以回娘家，到時候用他們的房間就行了。至於父母的房間為什麼這麼小，她則說這樣功能性比較強。老人家覺得事到如今再爭下去似乎有些孩子氣，便不再反駁，卻為女兒B女士在娘家中沒有一席之地而抱不平，對女兒哭訴，最後甚至說出兩人不想活了這種話。

B女士大驚之下聯絡弟弟跟弟媳，這才看到設計圖，果然覺得太不合理而強烈反對。弟媳表示，到了這個階段沒辦法中斷改建計畫，先前跟設計師討論也花了一大筆費用。但B女士堅持，這樣下去萬一父母身體狀況變差該怎麼辦，最後大家還是決定中止改建計畫。

不過，接下來的狀況急轉直下。正值更年期的弟媳身體狀況走下坡，三天兩頭得上醫院，沒辦法照顧B女士的父母。B女士因此受到弟弟指責，爸媽也怪B女士當初不需要把話說得這麼絕，這下子連B女士自己的身體也出狀況，情緒陷入低潮。

◎兩個案例的共同點：

敘述的篇幅有點長，但我必須細細交代兩個案例，是想讓讀者了解兩者之間共同的問題。

相信各位應該了解，兩個案例的共同點都是彼此沒有好好談過。A女士自認對於跟公婆同住在二代住宅沒信心，卻沒清楚表達。B女士的父母雖然內心百般不願，也沒明白表現出情緒。

傳達說「不」的心情很不容易，多數人都認為一說出口就會讓彼此的關係變差，於是選擇隱忍。

但是，這麼一來絕對不會有好結果，通常發展到最後都會出現大問題。

既然如此，該怎麼說出「不」呢？

為此，必須要有將說「不」的理由分成「情感與事實」來分析的技巧。由於在溫文儒雅式的溝通中缺乏這項技巧，也可說是造成「最後忍下來」的原因之一。

◎提出說「不」的根據：

會想要說「不」，想必有產生這種情緒的原因與事實。首先自己在掌握事實之後先客觀分析，並提出來讓對方了解。

在美國的會議或研討會中，經常都會被要求提出根據。光說個「不」是無法說服對方的，而對方在不懂得為何說「不」的情況下，就不會接受。藉由提出說「不」的客觀根據，將情感上的溝通轉變為邏輯上的溝通，這項技巧對於防止後續問題發生非常有效。

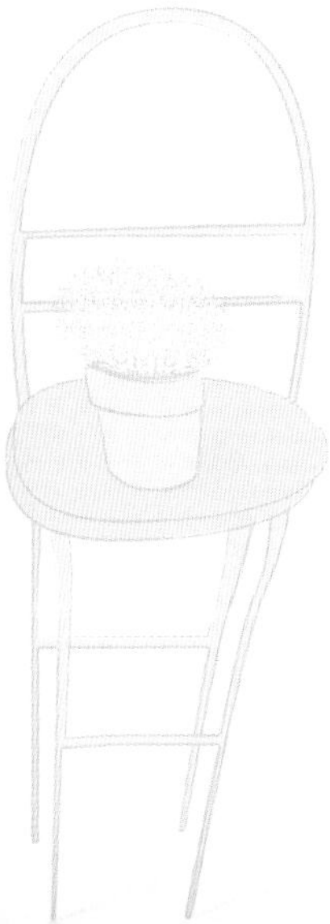

例如，就A女士的案例來說，針對跟公婆同住二代住宅一事，別只嘟噥：「沒有信心，提不起勁」，而要客觀分析自己的情緒，具體列出「為什麼不喜歡」的原因。接下來進一步思考，這些原因有沒有辦法解決，討論自己跟公婆能讓步到什麼程度，就需要有一個跟先生或公婆一起商量的環節。

至於B女士的案例，爸媽首先該請對方讓自己看看設計的狀況，然後表達出自己的期望與原因，這些都可說是必要過程。

妥善表達「不」的想法，就是將「不」這個「傳達情緒」的態度，轉變為「傳達『不』的根據」。這樣的轉換非常關鍵。

提出事實，進一步闡述根據及原因的過程中，本身也能客觀看待這個問題，清楚認知內心在情緒上的動向。正因為自己在還沒冷靜看待問題時就想跟對方談，容易在情緒上陷入困境，或是擔心出現這類棘手狀況而不敢跟對方好好談。

如果此刻妳面對某個問題想說「不」，請先嘗試一一列出造成這種想法的原因。

針對各項原因，思考該如何改善，包括自己能做的以及對對方的期望。寫下來之後，就能進一步釐清狀況，也容易訂出計畫。

面對越大的問題，越需要依循根據來商量。

56

是否覺得自己不適合帶小孩？

我常遇到一些人，工作時精神奕奕，非常有自我風格；但為了帶孩子把工作辭掉後，就感覺心情憂鬱、諸事不順，開始苦惱、覺得自己不適合帶小孩。跟孩子一起在家，也不覺得有什麼開心，帶孩子忙得團團轉之時感到不耐煩，便心想早知道就不該辭掉工作，自己沒那麼賢慧，一定不適合待在家裡……妳也會這樣想嗎？

那麼，究竟是怎麼決定一個人適不適合帶小孩呢？

一般來說，「適合」的事做起來輕鬆愉快，「不適合」的事情就容易失敗、事倍功半，做起來一點都不輕鬆。我認為區分的標準大概是這樣。

任何人面對第一次做的事、沒什麼經驗的事，做起來都不會輕鬆。好比騎腳踏車、做菜，還有工作，起初都不太順利吧？原本不習慣的事情都需要花點時間才能上手。一般人不太可能帶過幾十個小孩，感到不順利也是理所當然。更何況每個孩子的個性都不一樣，帶每個孩子都會有很多「第一次」

的經驗。

別因為做起來不輕鬆就認為自己不適合，何不反過來想想，把這種不順利的感覺當作一種新鮮的經驗不是更好嗎？

通常人淨做些輕鬆且擅長的事情，注意力跟精神就會不知不覺降低，然後出現意想不到的嚴重失誤。但做起來棘手、老是不順的事情，就得很小心一步一步慢慢進行，就算撞到牆壁腫個疱，也不會出現因為橫衝直撞而從山崖滾落的這種失敗。面對不順遂的事情小心翼翼地去做，光是這種心態就會稍微改變對事情的看法。

此外，帶小孩跟其他工作完全不同的一點是，一般的工作可以立刻看到績效，但育兒的成果卻沒辦法馬上看到。進入好學校就讀，成績進步，這些外表可見的都不算結果。

育兒的成果是孩子能享受自己的人生，身為社會的一份子還能擁有自我，活得精采。在這個遠大的目標下，記得把心思放在此刻該做什麼，用什麼方式跟孩子互動，珍惜這些過程。發現育兒跟工作上的差異後，就能讓心情更從容。

57

當個美麗的母親。

各位有聽過「鏡像神經元」（Mirror neuron）這個名詞嗎？

在靈長類等高等動物的腦部有稱為「鏡像神經元」的神經細胞，由於因為看到其他個體的行為，會讓自己像鏡子般出現相同行為的關係，因而得名。關於鏡像神經元至今還有很多人類不了解的地方，不過據說可能在學習語言過程中扮演很重要的角色。

有句話說：「孩子是父母的鏡子」。我常想，是不是受到鏡像神經元的影響呢？看看小孩子的言行舉止、待人的態度，大概就能看出父母平常的用字遣詞，以及生活態度。

要不要當個美麗的母親呢？

這裡的「美麗」，指的並不是臉蛋、頭髮的明豔亮麗，或是肌膚細緻、打扮入時等等。而是說出美麗的言詞，在清澈的心靈下有著一雙充滿神采雙眼的母親。

最近我看到很多主題，是當了母親也想保持美麗的專題報導，但絕大部分都著重在外表。外表當然也很重要，但我希望大家在優先順位上能把「美麗的言詞」跟「清澈的心靈」放在前面。因為這些都會讓孩子學習、仿效，傳承下去。

如果孩子只注重提升外表，另一方面卻口出惡言、髒話，或是動不動講別人壞話，妳會怎麼想呢？

應該不樂見吧。一旦決定當個美麗的母親，所有的行為都會改變。做些可以讓孩子模仿，或希望讓孩子模仿的行為，這麼一來，自己的人生也會改變。何不試著利用帶孩子的這段時間，讓自己的言行舉止都變得更美呢？

58

讓自己保有多方面的支援。

由於找不到可以輕鬆商量育兒煩惱的鄰居，A女士平常都上網尋找育兒的相關資訊，但持續好一陣子都不順利，讓她失去信心。那麼，我忍不住思考究竟什麼才是「能輕鬆商量」呢？

我們每天都會遇到很多問題或麻煩，但自己應該會察覺哪些內容是可以放心對人談，哪些則否。一種是以具體的數值或條件即可表達，另一種像心事，不容易具體陳述，商量這兩種問題時輕鬆的程度有很大不同。

例如，討論要買什麼、要給孩子吃什麼，分量多少，以及做什麼運動等這類問題；還有對某件事有什麼感受、想過什麼樣的人生，兩方向會找的商量對象並不相同。換句話說，支援不止一種，而有很多種類。

第一種可以稱為「資訊支援」。像A女士常用的網路，或是書本、報紙等，在醫療方面醫師跟藥房的藥劑師也扮演資訊支援的角色。這類資訊支援也算是可以輕鬆諮詢的對象。

不過，光有資訊支援還不夠。從心理層面來看，人還需要能引起共鳴的支援，以及期待他人伸出援手的支援。換句話說，A女士需要的不僅是育兒網站上的資訊支援，當她依照這些資訊卻進行得不順利時，還需要有個懂得同樣心情的人告訴她：「對啊，很辛苦耶。」也就是可以跟她產生共鳴的人。即便這個人無法提供直接的援助或資訊，也能因為同理心帶給A女士力量及勇氣。

另一種支援是「期待有人伸出援手的支援」，這跟提供資訊或產生共鳴不同，而是可以抱有期待的對象，像是「對啊，跟那個人談過之後或許會獲得力量」、「對，讀了那個人寫的書可能會激發勇氣」。實際上未必能立刻跟那個人交談，不過，只要想到「有那個人在」，據說就能帶給自己很大的勇氣。

講到這裡各位應該了解，人想光靠單一種類的支援很難活下去，但仍有人想藉由單一支援來解決所有問題，這種想法可說是天方夜譚。要跟某一位好友商量所有煩惱，或是找一位醫生諮詢所有問題，最後一定不會順利。必須擁有多個管道的支援，因應不同狀況尋求適合的協助。

「沒有人支援我。」這句話對我來說是禁忌。提供協助的人或夥伴不會從天上掉下來，重要的是自己主動去尋覓。

59

內心感到不安時，把全副精神集中在「當下」。

東日本大地震之後，我想大家的心情都差不多，很擔心輻射外洩事件會不會再發生，終日惶惶不安。經常遇到家有幼兒的女性，因為擔心放射性物質來諮詢。此外，還有人擔心不在孩子身邊時發生災害該怎麼辦，於是外出也擔憂，甚至猶豫要不要工作。這讓我思考該怎麼樣才能克服這些憂慮。

在這之前，我想讓大家了解，媽媽的情緒也會感染孩子。當妳覺得憂慮，孩子也會跟著憂慮；如果妳覺得幸福，孩子也能感受到。

哈佛大學醫學院克里斯塔基斯教授（Nicholas A. Christakis），從大約兩萬人的統計數據中，調查家人、朋友之間的連結與心理狀態傳達的關係，結果發現，彼此關係親密或是親子、兄弟、朋友間，會互相感染幸福與不幸的情緒。妳希望孩子感到不安嗎？當然不願意吧。既然這樣，就得先讓自己克服憂慮的情緒，以充實的心情度過每一天。必須要有自覺，再怎麼「裝作」沒有不安，心情還是會感染到孩子。

不過，震災後各地持續餘震不斷。我自己也很討厭地震，一想到隨時會碰到地震還是不免陷入憂慮。就在當時，福島縣雙葉町的居民疏散到埼玉縣的Super Arena體育館，我也以志工身分前往慰問災區民眾。當時下著小雨，不斷有報導指出雨中恐含有放射性物質，網路上也到處有一些誇張偏激的資訊，但不知為什麼，我在前往體育館的電車中，絲毫沒有任何不安。

我發現因為我全副精神都集中在自己到了體育館要做什麼，也就是要負擔的「使命」上。「使命」可以令人堅強，把精神集中在當下自己要做什麼、能做什麼上，不安的感覺就會消失。

妳身上有著「母親」這項「使命」。當下妳能做的就是用心做好家事，以及仔細跟孩子對話，不如就把這些當做「使命」來看待。

地震隨時都可能發生，正因為這樣，更該充分體會此時的平安與幸福，盡全力做好分內的事。來吧，就把心思灌注在「當下，此刻」。

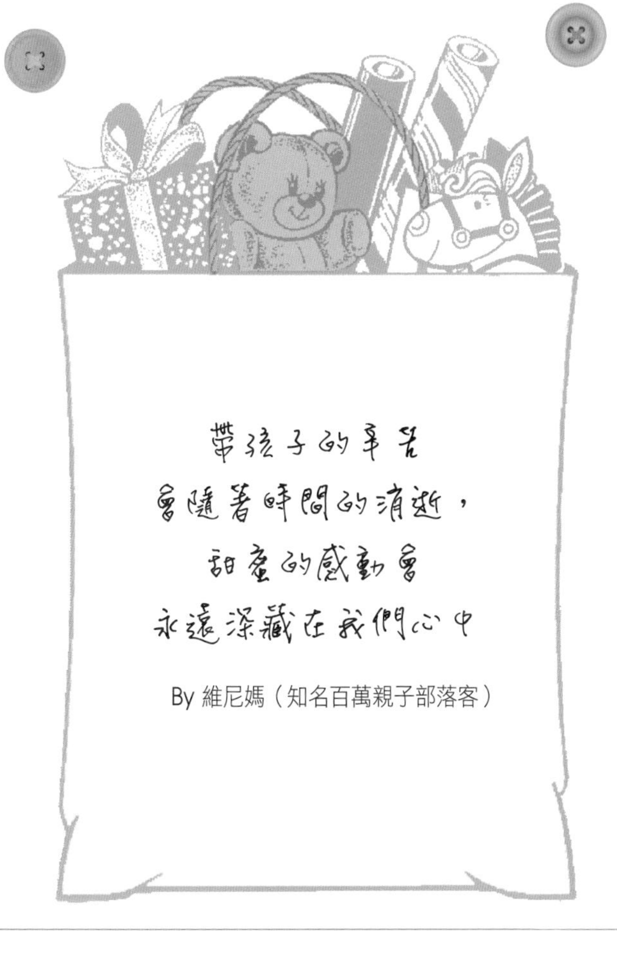

帶孩子的辛苦
會隨著時間的消逝，
甜蜜的感動會
永遠深藏在我們心中

By 維尼媽（知名百萬親子部落客）

教養生活㉞

跟孩子一起變幸福

作　者－海原純子
翻　譯－葉韋利
責任編輯－楊佩穎
校　對－楊佩穎、張懿祥
美術設計－葉鈺貞工作室
執行企劃－張燕宜
董事長－孫思照
發行人
總經理－趙政岷
總編輯－余宜芳
執行副總編輯－丘美珍
出版者－時報文化出版企業股份有限公司
10803台北市和平西路三段二四〇號四樓
發行專線－（〇二）二三〇六－六八四二
讀者服務專線－〇八〇〇－二三一－七〇五・（〇二）二三〇四－七一〇三
讀者服務傳真－（〇二）二三〇四－六八五八
郵撥－一九三四四七二四時報出版公司
信箱－台北郵政七九～九九信箱
時報悅讀網－http://www.readingtimes.com.tw
電子郵件信箱－ctliving@readingtimes.com.tw
第一編輯部臉書－https://www.facebook.com/readingtimes.fans
時報出版生活線臉書－http://www.facebook.com/ctgraphics
法律顧問－理律法務事務所　陳長文律師、李念祖律師
印　刷－詠豐印刷有限公司
初版一刷－二〇一四年四月二十五日
定　價－二四〇元
行政院新聞局局版北市業字第八〇號

國家圖書館出版品預行編目資料

跟孩子一起變幸福 / 海原純子著；葉韋利譯.
-- 初版. -- 臺北市：時報文化, 2014.04
面；　公分. -- (教養生活；34)
ISBN 978-957-13-5949-6　(平裝)
1.人生哲學 2.生活指導
191.9　　103006554

KODOMO GA NEMUTTA ATO 1-PUNKAN DAKE YOMU HON

First published in Japan in 2012 by PHP Institute, Ltd.
Traditional Chinese translation rights arranged with PHP Institute, Ltd.
through Bardon-Chinese Media Agency

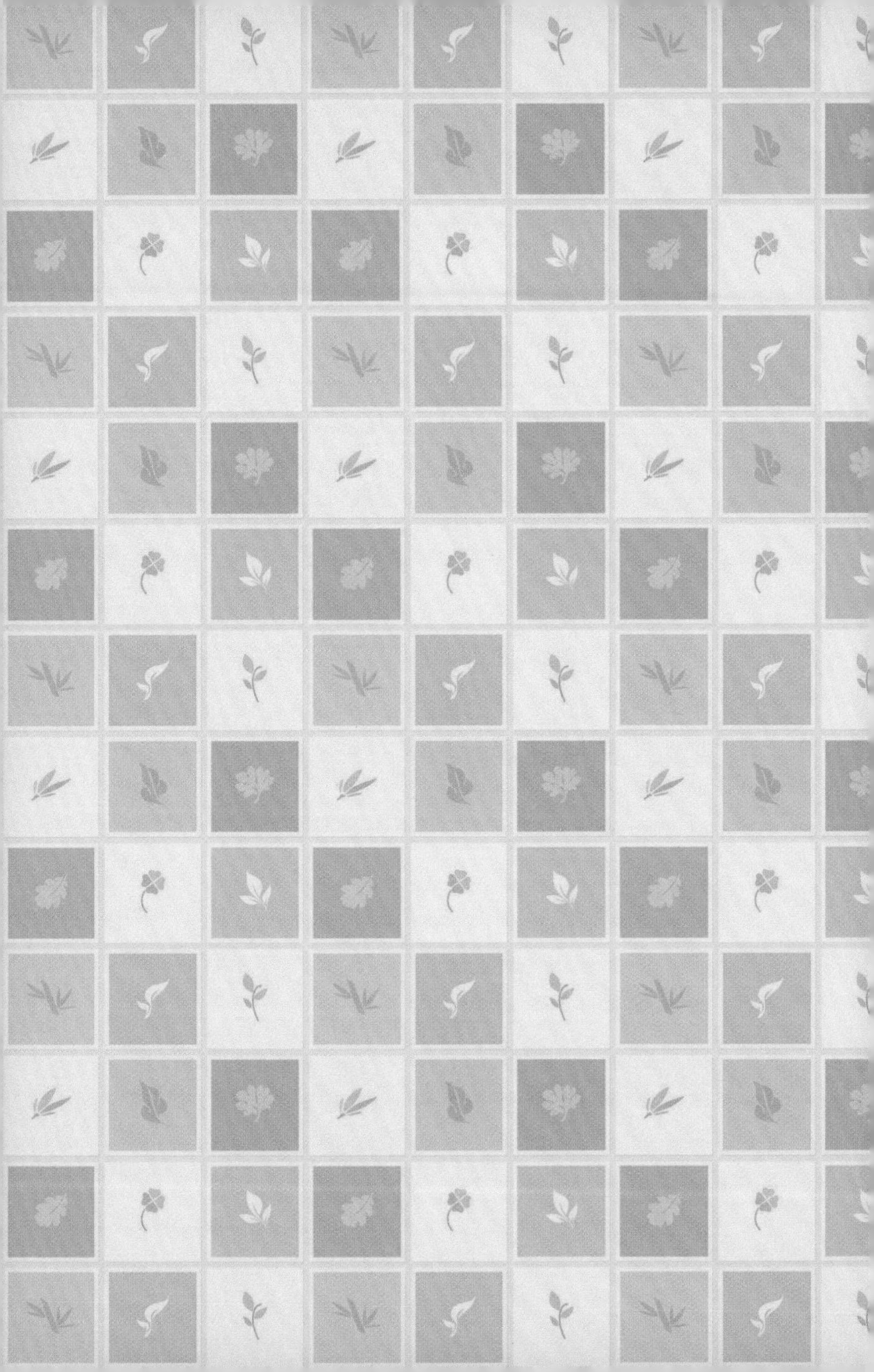

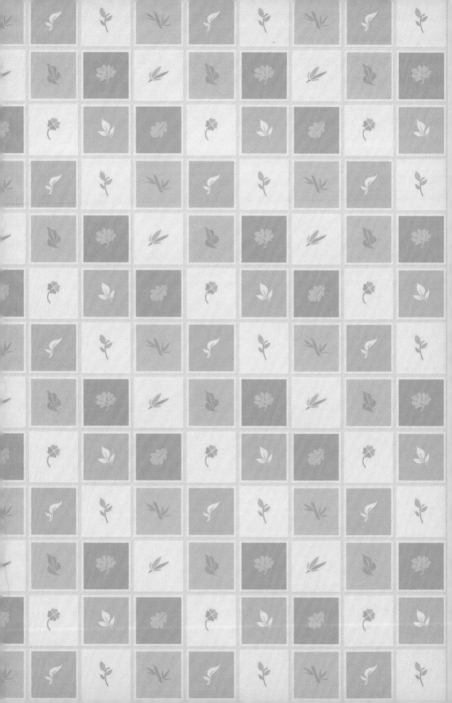

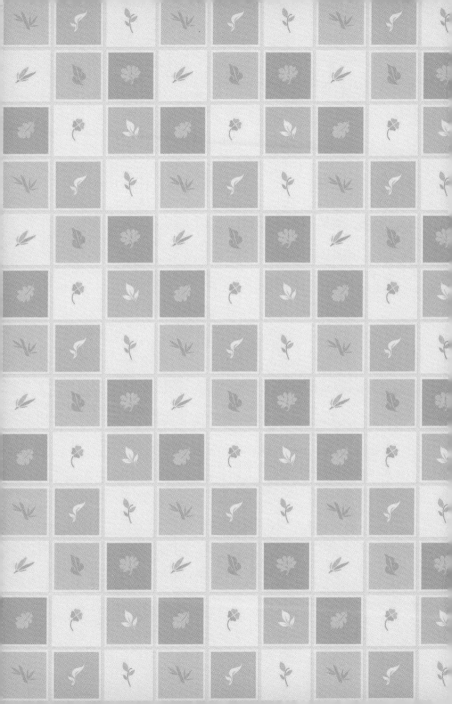

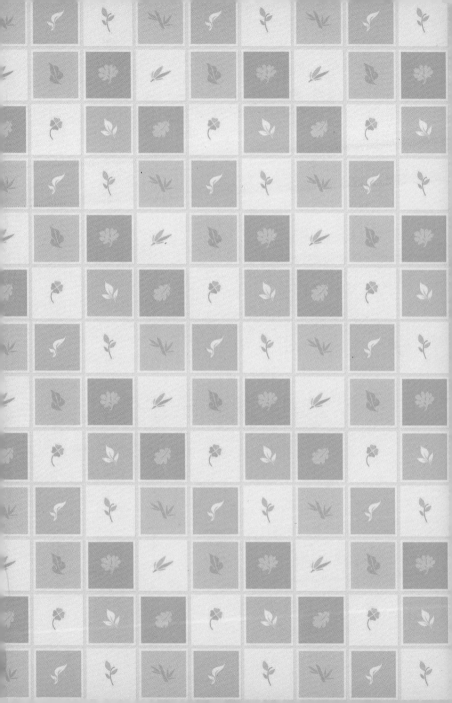